本书为中共山东省委党校（山东行政学院）2022年度重大项目攻关创新成果；中共山东省委党校（山东行政学院）高质量发展研究中心成果；山东省习近平中国特色社会主义思想研究中心成果。

新视界
新观察

农村一二三产业融合
评价与绩效研究

孙学立 著

Evaluation and Performance Research
on the Integration of Rural Primary,
Secondary and Tertiary Industries

中国社会科学出版社

图书在版编目（CIP）数据

农村一二三产业融合评价与绩效研究/孙学立著．—北京：
中国社会科学出版社，2023.5
ISBN 978-7-5227-1796-8

Ⅰ.①农… Ⅱ.①孙… Ⅲ.①农业产业—产业融合—研究
—中国 Ⅳ.①F323

中国国家版本馆 CIP 数据核字（2023）第 065434 号

出 版 人	赵剑英
责任编辑	黄　山
责任校对	贾宇峰
责任印制	李寡寡

出　　版	中国社会科学出版社
社　　址	北京鼓楼西大街甲 158 号
邮　　编	100720
网　　址	http://www.csspw.cn
发 行 部	010-84083685
门 市 部	010-84029450
经　　销	新华书店及其他书店

印　　刷	北京明恒达印务有限公司
装　　订	廊坊市广阳区广增装订厂
版　　次	2023 年 5 月第 1 版
印　　次	2023 年 5 月第 1 次印刷

开　　本	710×1000　1/16
印　　张	12.5
插　　页	2
字　　数	201 千字
定　　价	68.00 元

凡购买中国社会科学出版社图书，如有质量问题请与本社营销中心联系调换
电话：010-84083683

序

改革开放以来，我国农业农村发生了巨大变化，尤其党的十八大以来，我国坚持把解决好"三农"问题作为全党工作的重中之重，实施乡村振兴战略，推动农业农村取得历史性成就、发生历史性变革。

党的二十大报告指出，高质量发展是全面建设社会主义现代化国家的首要任务，并强调这是中国式现代化的本质要求。进入新时代，我国社会主要矛盾已经转化为人民日益增长的美好生活需要和不平衡不充分的发展之间的矛盾，发展中的矛盾和问题更多体现在发展质量上。全面推进乡村振兴是我国推动高质量发展的重要战略部署，是实现农业农村现代化的必然要求。全面推进乡村振兴，产业是物质基础。没有产业振兴，乡村振兴就是空中楼阁。乡村产业的高质量发展，需要加快构建现代农业产业体系、生产体系和经营体系，推进一二三产业融合发展。自党的十九大提出实施乡村振兴战略以来，我国各地积极探索推进农村一二三产业融合的创新模式，呈现出蓬勃向上的发展景象，并有力地促进了农民增产增收。基于此，我的博士学生孙学立选择农村一二三产业融合评价及经济绩效问题具有一定的研究意义，他的研究重点如下：

第一，研究了山东省终端型、体验型、循环型、智慧型农业融合模式案例，也称农业"新六产"，通过分析发现，农村一二三产业间的融合，带动了农民增收和就业，取得了良好的经济社会效果。经过理论梳理和对农村产业融合的动因发现，未来我国农村一二三产业融合路径将沿着三个维度进行融合创新，即纵向上全产业链、全价值链的融合，横向上农业多功能性的拓展和发展农业生产性服务业。

第二，构建并运用农村一二三产业融合度的评价指标体系和测度模型，把山东省烟台市、潍坊市、济宁市和菏泽市 4 个地级市为测评对象。结果表明：横向融合的宽度是农村一二三产业融合度大小的决定性因素，农产品加工业总产值占农林牧渔总产值比重指标对农村一二三产业融合度评价影响最大，农林牧渔服务业增加值占农林牧渔业增加值比重、农业产业化经营组织带动农户数占农户总数比重排在第二、第三位。山东省农村一二三产业融合水平区域差距较大，主要原因是出现在农业与工业融合、农业与服务业融合的横向融合的宽度差距上，同时还与土地流转率、农村金融机构贷款余额增长速度、农业支出占财政支出比重等因素有关。

第三，农村一二三产业融合存在宏观经济效应和微观经济效应，宏观经济效应有经济增长效应、资源优化配置效应和生态环境优化效应，微观经济效应有农业产业结构优化效应、对农民专业合作社的带动效应和促进农民增收效应。对山东省烟台市、潍坊市、济宁市和菏泽市 4 个地级市 2013—2017 年的面板数据进行回归检验，实证结果表明，山东省农村一二三产业融合度对农村居民人均可支配收入的影响系数为 0.0586343，即山东省农村一二三产业融合度评价值每增加一个百分点，农村居民人均可支配收入就将增加 0.0586343 个百分点，揭示了农村一二三产业融合度越高，越能有效地增加农村居民人均可支配收入。

孙学立在读博士期间，待人诚实，有着山东人的本分憨厚。学习上也很认真刻苦、勤奋好学，各科成绩都比较突出，还经常在课外或周末聆听北京经济学界名师大家的专业讲座。在基层调研中，也表现出了较强的研究能力。他的博士毕业论文，历经两年多时间，阅读了大量中外文献和专业书籍，其间多次反复修改，倾注了大量时间和精力。这次能出版成书，我感到很是欣慰，希望他能够沿着这个方向持

续研究下去，逐渐完善不足。最后，祝愿他事业有成，努力取得更大
的成绩。

潘晨光

2022 年 10 月

目　　录

第一章 绪论

第一节 研究背景及意义

一 研究背景

（一）国际背景

近几年，随着全球经济增长速度不断放缓，世界各国对农产品的需求出现不足，农产品价格持续低迷，农业对外合作面临的风险挑战不断增加。由此带来全球范围内的贸易保护主义倾向变得日益严重。作为全球第一大经济体的美国，自 2008 年以来的十多年时间里一共实施了几百项贸易保护措施。

经济全球化进程的加快也促进了农业开始成为全球产业，越来越多的农产品走出国门。作为地大物博的中国，农产品的种类丰富、质量上乘、价格低廉，在世界农产品贸易中占有举足轻重的地位。然而，物美价廉的农产品却不免会对进口国的国内市场造成一定的影响，一些发达国家凭借其经济和技术上的优势制定了较高的环境标准，使发展中国家处于十分不利的地位，客观上为发达国家的市场设置了贸易壁垒，违反公平贸易的基本准则。对于农产品对外贸易而言，常常出现这样的现象，进口国家声称出口国家农产品所含的残留农药成分超过本国所规定的标准，而将出口国家农产品拒之门外。这对广大发展中国家农产品的质量标准、卫生标准、安全标准以及生态环境标准提出巨大挑战。

当前，全球新一轮技术革命正在兴起，信息技术、新型工业设备、交通物流技术、生物科技等现代技术设备蓬勃发展，并通过技术创新、模式创新、经营业态创新等促进一二三产业间的加速融合，日益成为经济增长的新动力。在此趋势下，产业融合已成为世界范围内产业经济发展势不可当的历史潮流。特别是互联网技术与各产业的融合，正带动着社会经济系统发生日益广泛、剧烈而且深刻的变革。不同产业或者同一产业内部不同行业间相互交叉、相互渗透与相互融合的步伐持续加快，产业的边界为了适应增长而变得逐渐模糊或者消失，在全球范围内几乎找不到一个产业，能够在不和其他产业融合的情况下实现快速发展。这种产业间的融合，促使各种发展要素将更加集聚、产业将更加联动、技术将更加渗透、制度将更加创新，现有的产业结构将被不断调整与优化，各产业之间的边界将被充分融合。从各个产业看，第一产业将以涉农龙头企业为引领，以产业链紧密联结为纽带，把农作物种植、农产品加工与销售、旅游、餐饮、度假休闲、康养及其他服务业有机融合在一起，实现农业与加工、服务业协同发展，促进农业增效、农民增收、农村增绿；第二产业将会以制造业的信息化与服务化促进传统制造业转型升级，加快传统制造业向价值链中高端延伸的步伐；第三产业的发展空间将会被产业融合得到大幅度拓宽，并将成为促进农业现代化与制造业转型升级的新引擎。

在产业融合成为产业发展的必然趋势下，产业结构调整与优化的目标，不再局限于以增长为导向的规模比例关系，而是更加注重以质量为导向的产业有机融合。世界新技术产业革命和产业结构升级在农村领域的影响，是促进农村一二三产业之间的融合，这种影响是通过技术创新与管理创新来促进农村产业结构调整与优化，以渐进、渗透、跨界等方式改造农村产业，促进农业产业链条延伸、农业功能拓展，从而催生农村新产业、新业态。

（二）国内背景

改革开放 40 年来，我国农业农村发展发生了巨大变化，特别是党的十八大以来，农业农村发展取得重大成就，为经济社会发展全局提供了有力支撑。从粮食生产看，我国高标准农田已累计建成 5.6 亿亩，耕地灌溉面积达到 10.2 亿亩。截至 2021 年年底，粮食产量连续九年稳定在 6 亿吨以上，粮食生产能力进一步稳固，如图 1—1 所示。

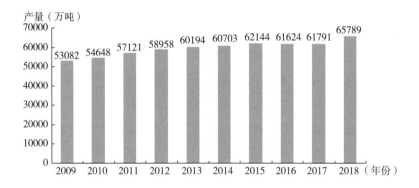

图 1—1　2009—2018 年我国粮食产量统计

从农业科技进步看，实施"藏粮于地、藏粮于技"战略以来，农业科技贡献率进一步提高。截至 2021 年年底，主要农作物良种基本实现全覆盖，自主选育品种占比达 96%；农作物耕种收综合机械化水平超过 72.03%，10 年提高近 15 个百分点；农业科技进步贡献率达到 61%，10 年提高 7 个百分点。这些指标表明，良种农技农机等现代生产要素已成为农业发展的主要驱动力，现代农业建设实现了由量变积累到质变提升的转变。农业绿色发展取得很大成效，畜禽粪污综合利用率、秸秆综合利用率和农膜回收率均达到 80% 以上，草原综合植被盖度达到 56.1%。①

————————

① 刘毅：《林草兴则生态兴》，《人民日报》2022 年 6 月 2 日第 6 版。

在农村改革方面，积极推进承包地确权登记颁证，已完成确权面积 11.3 亿亩，占二轮承包面积的 84%。农村土地改革与集体产权改革同步推进，"三变"① 改革在全国逐渐推开。先后两轮在 129 个县开展农村集体产权制度改革试点。农业新型经营主体快速发展，家庭农场、农民合作社、农业企业等各类新主体超过 300 万家，新型职业农民超过 1400 万人，为贫困地区培育 2 万多名产业发展带头人。农民收入进一步提高，2021 年农民人均纯收入达到 18931 元，5 年累计增长超过 40%，如图 1—2 所示。城乡收入进一步缩小，2016 年城乡居民收入倍差为 2.72，比 2012 年下降了 0.16。农村新产业、新业态、新模式发展迅速。据统计，2017 年，我国农村新产业、新业态带动了 2800 万人非农就业，2.8 亿农民外出打工，28 亿人次体验了休闲农业，乡村旅游综合收入达到 7000 亿元，农村市场的发展潜力和发展空间巨大。农业开放度不断提高。到 2021 年，我国农产品贸易额达到 3041 亿美元，有 1300 亿美元的进口和 700 亿美元的出口，变成了净逆差国。我国农业贸易体量已成为全球第一大农产品进口国和第二大农产品贸易国，成为全球最大的农产品市场销售目的地国家。大豆、食糖、棉花等农产品，我国都是全球最大买家。2017 年，我国农业对外投资总额为 22.2 亿美元，5 年累计投资 180 亿美元②，对外投资的国别数量达到 100 多个。

近年来，我国农业农村发展环境正在发生深刻变化。一方面，随着城乡居民收入增长和需求结构升级，人们对农产品的品种、品质、品位提出了更高要求，农产品阶段性供过于求与有效供给不足同时存在。粮食产量、进口粮食、库存粮食出现"三量齐增"的现象，调整种植结构非常紧迫。这些都是农业生产在供给侧出现了问题，同时在需求侧的乡

---

① "三变"是指资源变资产、资金变股金、农民变股东。这项改革起源于贵州省六盘水市，通过"三变"改革，大大盘活了农村资源的可流动性，提高了农民收入。

② 中华人民共和国农业农村部网站，http://zdscxx.moa.gov.cn: 8080/misportal/public/dataChannelRedStyle.jsp，2019 年 5 月 6 日。

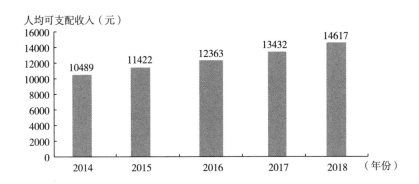

图1—2 2014—2018年农村居民人均可支配收入统计

村旅游和休闲农业等需求呈"井喷式"增长态势,又得不到有效满足。因此,出现了阶段性的供需矛盾;另一方面,虽然城乡收入差距在相对缩小,但是绝对差距依然在拉大,农产品价格依然低迷,农民收入增长速度在减缓,搞农业生产赚钱少、赚钱难问题依然突出,保持农民收入持续较快增长难度很大。值得注意的是,近几年,农民务工环境趋紧,外出农民工数量增幅急剧下跌,由过去的每年百分之十几到负增长,出现返乡农民工加速"回流"趋势,返乡农民工就业成了问题。还应看到,我国农业资源环境承载能力趋近极限,拼资源、拼投入的传统老路已难以为继。

改革开放40年来,中国农业进入了一个黄金发展期,但是就在同一时期,中国农产品贸易却出现了连续12年的赤字,这反映出中国农业虽然经历了多年的快速发展,却有一个问题不容忽视,那就是多年来的农业生产成本不断上升、农业收益下降的问题。此问题始终躲不开、绕不过,且越来越突出。中国社会科学院农村发展研究所《中国农村发展报告(2017)》显示,2005—2015年,中国三种粮食①每亩总成本平均每年上涨9.7%,其中人工成本年均上涨11.0%,土地成本年均上涨

———————————
① 三种粮食是指小麦、玉米、稻谷。

13.5%。以小麦为例，2005 年小麦生产亩均人工成本仅为 111.84 元/亩，2015 年则迅速上升至 364.77 元/亩，年均上涨 12.55%。2005 年小麦生产的土地成本约为 43.8 元/亩，到 2015 年则上升至 181.33/亩，年均上涨 15.27%，如表 1—1 所示。三种粮食人工成本以及物质和服务费用的成本增长在总成本增长当中的份额，仅人工成本增长就超过了 40%。从这几种成本的增长速度来看，土地成本增长最快，再就是人工成本增长。从国际市场来看，随着农业生产要素成本的不断上升，中国农产品成本优势在国际比较中逐渐丧失，农业国际竞争力日益下降，再加上中国农产品市场开放程度高，保护水平低，产业安全面临一定威胁。

表 1—1 小麦、玉米、稻谷每亩成本构成变化情况 （单位：元）

项目	2009 年	2010 年	2011 年	2012 年	2013 年	2014 年	2015 年	2015/2009（%）
总成本	600.41	672.67	791.16	936.42	1026.19	1068.57	1090.04	1.80
种子费	33.58	39.74	46.45	52.05	55.37	57.82	59.43	1.12
化肥费	117.55	110.94	128.27	143.40	143.31	132.42	132.03	1.10
农药农膜费	29.20	24.73	26.01	29.00	29.96	30.61	32.19	1.92
机械作业费	72.60	84.94	98.53	114.48	124.92	134.08	139.60	1.23
排灌费	19.45	19.08	23.97	21.99	23.44	25.62	23.91	2.37
人工成本	188.39	226.90	283.05	371.95	429.71	446.75	447.21	1.90
土地租金	114.62	133.28	149.75	166.19	181.36	203.94	217.76	1.83
7 种成本之和	575.39	639.61	756.03	899.06	988.07	1031.24	1052.13	1.82
占总成本比重（%）	95.83	95.09	95.56	96.01	96.29	96.51	96.52	—

数据来源：根据国家发改委价格司 2012—2018 年《中国农产品成本收益报告》整理所得。

面对国际国内新变化，我国农业农村发展必须适应新形势，加快转变农业发展方式、探索中国特色农业现代化道路。2015 年，"中央一号"文件围绕加大改革创新力度，加快农业现代化建设的主题，提出了一系列既富有战略高度和创新价值又能落地生根的政策措施。其中，最引人注目的便是提出了推进农村一二三产业融合发展的新理念。2015 年 12 月 30 日，国务院办公厅印发《关于推进农村一二三产业融合发展的指导意见》，强调要通过推进农村三产融合发展，促进农业增效、农民增收和农村繁荣，为国民经济持续健康发展和全面建成小康社会提供重要支撑。随后，国家有关部门又出台了《关于支持返乡下乡人员创业创新促进农村一二三产业融合发展的意见》《关于进一步促进农产品加工业发展的意见》《关于大力发展休闲农业的指导意见》，编制了《"十三五"全国农产品加工业与农村一二三产业融合发展规划》。以上四个《意见》和一个《规划》，构建了促进农村一二三产业融合发展的政策体系。党的二十大报告指出，高质量发展是全面建设社会主义现代化国家的首要任务，要全面推进乡村振兴，推动现代服务业同先进制造业、现代农业深度融合。这为未来 5 年甚至更长时间内推进农村一二三产业融合提供了战略指引。

我国人均农业资源禀赋天生不足，提高我国农业国际竞争力，农村一二三产业融合是重要途径，它可以通过交易内部化和规模效应降低农业生产成本，来提高农业竞争力，还能够加强农业产业链之间联结，实现从田间地头到餐桌等各个环节的紧密关联。面临国际市场搞同质竞争，甚至弱质竞争，如果不改变我国农业发展的传统模式，将会越来越困难。可以说，农村一二三产业融合发展是适应我国农业应对国际竞争的战略需要。从国内看，在新常态新要求下，我国的产业结构正在进行深度优化调整，产业发展与国际接轨、跨行业跨领域融合发展的步伐空前加快。一些企业以互联网技术融合应用为突出代表实现快速崛起，吸引了国人乃至世界的目光。在产业融合理念的先导作用下，"互联网+""创客""众筹"等新概念迭出，其背后如影随形的无不是一个又一个崭新的产业形态和巨大而活跃的产业发展空间。这些新技术新模式对农业的渗透，促进了农村一二三产业之间的融合，将有利于促进工业和服务业的管理、技术、资本、人才等现代要素更多更紧密地融入农业，有利于拓展农业功能，培育农村新的增长点，有利于扩大农村产业规模和就业容量，拓展农民就业增收空间，有利于促进产业链增值收益更多留在产地、留给农民。

二 研究意义

推进农村一二三产业融合发展，是加快转变农业发展方式、拓宽农民增收渠道、构建现代农业产业体系的重要支撑，也是推进农业农村经济发展、深化农业供给侧结构性改革、探索中国特色农业现代化道路的必然要求。

（一）理论意义

农村一二三产业融合问题所涉及的理论，主要是发展经济学理论和产业融合理论。美国哈佛大学著名经济学家霍利斯·钱纳里（Hollis B. Chenery，1918—1994）在他的多国模型中认为：分析发展中国家经济结构、产业结构和制度结构随时间发生一系列进步，以使得发展中国家可以用新兴产业代替传统产业。美国芝加哥大学著名经济学家西奥多·舒尔茨（Theodore W. Schultz）在《改造传统农业》一书中提到，传统农业的资源配置处于均衡状态，农民没有改变传统生产要素的动力，改造传统农业的正确途径不是对传统要素实现有效配置，而是提供给农民一些现代"生产要素"。目前，我国农村产业融合很多情况下是在新产业新业态的引领促进下进行的，传统农业向现代农业的转变也需要投入新的技术和生产要素。从这方面看，本书的研究有助于加深和拓宽发展经济学的理论研究范围。产业融合理论认为，产业融合源于技术进步和管制的放松，产业融合一般发生在产业之间的边界和交叉处，发生产业融合的产业相互之间，具有一定程度的产业关联或技术与产品的替代性，产业融合不仅从微观上改变了产业的市场结构和产业绩效，而且从宏观上改变了一个国家的产业结构和经济增长方式。本书的研究将有助于产业融合理论向更深层次拓展，从这方面看，本书的研究具有一定的学术价值。

（二）实践意义

到 2050 年，我国要成为现代化强国，绝对离不开农业农村的现代化。但目前，由于第一产业产业链在农村区域仍然较短，传统农户从第一产业价值链中获益较少，现代农业企业等新型农业经营主体与农户的利益联结机制很不紧密，传统农户的增收仍十分困难。值得注意的是，我国工业化、城镇化和信息化的快速推进，为广大农村产业融合提供了基础条件。从这方面来看，研究推进农村一二三产业融合对于增加农民收入和现代农业发展具有一定现实应用价值。从城市发展角度来看，现阶段广大市民对农业的需求，已由过去单纯食物需求向农业的生态、休闲等多功能需求转变，向更高标准、更高质量的农产品需求转变，为满足这种需求的转变，推进农村产业融合是重要途径。从经济增长角度看，拉动我国经济增长的动力，正在由投资拉动向创新推动转换。目前，城市消费潜力增长空间有限，而广大农村区域消费市场巨大，农村产业融合的经济绩效就是把更多的价值链留在农村，把更多的产业利润留给农民。从国家层面看，到 2020 年我国全面建成小康社会，短板在农村，扶贫重点是农民，推动农村产业融合发展是产业扶贫的根本之策、长远之策。从以上角度看，本书的研究与当前我国农村经济发展联系紧密，也是政府关心的热点问题，具有较强的应用价值。

第二节　问题的提出

当前，我国主要矛盾是人民日益增长的美好生活需要和不平衡不充分的发展之间的矛盾。最大的不平衡主要体现在城乡发展差距的不平衡，最大的不充分是农业农村发展的不充分，最能体现这一不平衡和不充分的是广大农民家庭的收入。改革开放之初，农民家庭收入最主要的来源是来自家庭承包地种植业的收入，1978—1985 年，农村居民人均纯收入从 133.57 元增加到 397.6 元，年均实际增长 15.2%，第一产业纯收入对增收的贡献高达 87%。随着社会主义市场经济的建立，国家告别了短缺经济，乡镇企业异军突起，大量农村剩余劳动力开始向城市转移，工资性收入在农民收入构成中越来越发挥主导性作用。2013 年，工资性收入历史性地成为农民收入第一大来源，占到 45.2%，相应的来自第一产业的家庭经营收入下降到 42.6%。近十年来，随着国家经济转型、产业转型，城市经济发展对农村剩余劳动力的需求趋于饱和，即将接近"刘易斯拐点"，再加上智能制造带来的机器换人，淘汰落后产能等多种原因，农民外出就业的数量增幅开始下降，第一代农民工开始大量返乡创业，如图 1—3 所示。这时农民家庭收入的构成出现了多元化，亟须打开提高农民家庭收入的第三空间。

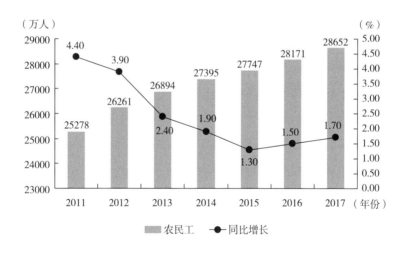

图 1—3 2011—2017 年全国农民工人数统计

随着国家实施乡村振兴战略，产业振兴成为重点，这为农民家庭收入增长来源带来了机遇。当今，现代农业的内涵日益丰富，不仅包括传统的种植养殖业，还包含提供观光休闲、新鲜空气，提供美丽生态环境和乡村传统文化的涵养等，这些农业与其他产业的融合发展将会创造更多的价值。从产业链发展角度看，可以用"四个链条"来理解和把握。第一是全产业链，即从种到收、从田间到餐桌，全程"接二连三"，延长产业链条；第二是全价值链，即人无我有、人有我多、人多我优，提升价值链，增加附加收入；第三是供给链条，即从农业的季节性生产向产后的储藏、加工、营销延伸，缩短供给链条，从而使农民和消费者受益；第四是生态链条，即改善生态链，使农业从生产到营销的全过程实现可持续、循环发展，维持生命力。

2015 年 12 月，国务院办公厅出台了《关于推进农村一二三产业融合发展的指导意见》，强调要通过推进农村一二三产业融合发展，促进农业增效、农民增收和农村繁荣，为国民经济持续健康发展和全面建成小康社会提供重要支撑。推进农村一二三产业融合发展顺应了农业农村发展实情，因而取得了良好成效。以乡村旅游为例，2016 年全国休闲农业和乡村旅游接待游客近 21 亿人次，营业收入超过 5700 亿元，带动 672 万户农民受益。据国务院发展研究中心农村经济研究部《一二三产业融合发展问题研究》课题组的调研结果表明，有 34.27% 的农户认为农村一二三产业融合的现状一般或较差，表现在部分地区对产业融合的核心目的、融合内涵及融合主体等均存在一定程度的认识不足和行动偏差。研究农村一二三产业融合发展，必须对下列问题做出思考：①目前我国农村地区出现的典型产业融合模式有哪些？是一产与二产之间的融合还是一产与三产之间？这个问题需要总结梳理；②目前各地出现的农村一二三产业融合现象对农村经济增长的作用如何？促进经济增长了吗？对增加农民收入作用几何等一些关于农村一二三产业融合经济绩效方面的研究；③在已出现的农村一二三产业融合现象中，是哪个主体起到了主导推动作用？是地方政府还是新型经营主体？是普通农户还是农民专业合作社？也就是这些已经发展起来的产业融合，它的形成条件是什么，具备什么样的条件才能促进农村一二三产业融合？④在农村一二三产业融合过程中，主要有哪些困难需要解决，制约因素主要来自哪些方面？是政策层面、技术层面还是资金层面？需要研究清楚，进而突破这些问题；⑤怎样评价和界定一个地区的农村一二三产业融合发展程度水平，从而做到精准施策，这就要涉及对此问题该如何评价的问题，评价指标体系怎么构建？选择哪种方法进行评价？怎么构建评价模型？评价结果怎么使用等问题；⑥构建好评价模型体系后，就要选取两个或几个地区进行实证研究，通过查询获取选择对象地区的经济发展数据，代入构建的评价模型，用定量方法对比实证对象的农村一二三产业融合水平；⑦地方政府在农村一二三产业融合中应该发挥什么样的作用，怎样做产业融合的服务？怎么鼓励促进农村一二三产业融合等问题；⑧国内外农村产业融合发展比较好的地区，有哪些先进的经验和做法值得借鉴学习？本书将围绕这些问题开展研究并给出解答。

第三节　研究思路与研究框架

一　研究思路

本书根据当前国际国内农业农村发展形势，通过现实中存在的现象和问题，梳理相关文献、结合相关理论，构建本书的分析框架。按照提出问题，分析现实问题，解决问题的基本思路。首先，运用农业多功能性理论、产业链理论、产业结构理论等，从乡村振兴战略的需要、新时代中国特色社会主义主要矛盾、农民家庭收入、产业结构发展、农业的多功能性等视角，分析农村一二三产业融合的客观必要性和历史必然性。其次，结合现实情况发展，梳理传统农村产业融合模式和现有新出现的农村融合模式，从创新扩散机制角度，提出农村产业的动因及其组织模式的创新路径，然后以山东省发展"新六产"为例，通过案例分析总结农村一二三产业融合的几种实践。再次，运用层次分析法构建农村一二三产业融合水平的测度指标体系和测评方法，并以山东省4个地市为测评对象，测算融合发展水平。从宏观和微观角度分析农村产业融合的经济绩效，并以2013—2017年山东省4个地级市的面板数据作为研究数据，构建计量模型，并对模型进行回归检验，实证农村一二三产业融合对农民收入增长的促进作用。最后，梳理和借鉴国外先进国家的做法，总结经验启示，结合上述研究，提出推进我国农村一二三产业融合的政策建议。

二 研究框架

本书共分为8章，主要是对农村一二三产业融合发展的模式、融合度评价及其经济绩效等进行研究。本书的研究框架如下：

第一章为绪论。主要介绍本书的研究背景及研究意义，问题的提出、研究框架及其研究方法、技术路线设计等，并指出本书可能存在的创新点与存在的不足。

第二章为概念界定与理论基础。主要对本书所涉及的核心概念进行解释，对所运用的基础理论进行归纳总结。

第三章为农村一二三产业融合研究综述。主要梳理已有对农村产业融合问题的研究情况，包括国内外的文献，进而发现本书努力研究的方向。

第四章为我国农村一二三产业融合发展现状。主要对目前我国农村一二三产业融合的模式进行归纳，进而分析了融合发展中存在的问题，并以山东省农业"新六产"发展为案例，分析其类型、形成机制以及带来的经济社会效应等。

第五章为农村一二三产业融合评价与实证研究。主要构建农村一二三产业融合评价指标体系，建立融合度评价模型，并以山东省烟台市、潍坊市、济宁市、菏泽市4个地市为实证对象，运用评价模型，得出被评价对象的融合度情况。

第六章为农村一二三产业融合的经济绩效。分别从宏观经济层面的四个角度分析农村产业融合形成的绩效，从微观经济层面三个视角分析经济绩效。并重点对农村一二三产业融合度与农民收入之间的关系进行了实证研究。

第七章为国外农村一二三产业融合的主要经验做法及其政策启示。主要是归纳总结发达国家在推进农村一二三产业融合中的主要先进做法，然后得出对加快我国农村产业融合的几点政策启示。

第八章为加快推进农村一二三产业融合的政策建议。主要对本书的研究做个总结，结合当前国家实施乡村振兴战略，系列关于农村产业融合的政策文件，及其农业农村优先发展的具体举措，对我国农村一二三产业融合发展提出政策建议。

第四节　研究方法、数据来源与技术路线

一　研究方法

本书在研究方法上主要运用了以下几种方法：

（一）文献分析法

文献分析法是指立足所要研究的问题，对前人的相关研究进行广泛的阅读和整理，达到对所要研究问题的研究进展具有较全面理解的一种研究方法。该方法通常涉及文献检索、归类、整理、分析以及评价等方面。本书首先依托中国社会科学院研究生院图书馆数据库资源平台以及百度等互联网搜索引擎对与本书相关的文献进行收集；然后按照国外文献和国内文献的分类方法对所搜集到的文献进行简单归类，在此基础上，按照研究对象、研究视角、研究内容、研究方法和研究结论的逻辑框架对国内外相关文献进行广泛而深入的研读和分析；最后，按照理论研究

脉络传承以及实践研究的热点，总结归纳本书问题的研究趋势、明确以往相关研究存在的问题、以往研究存在的不足以及现有研究的缺陷，在此基础上，提出本书拟解决的问题，并相继确定本书的研究对象、研究内容和可能的理论贡献。

（二）归纳总结法

本书的第一、第二、第三章主要运用归纳总结法，归纳总结前人的研究成果，明确本书的理论基础，系统分析我国农村一二三产业融合发展的现状，并着重从融合模式、融合评价、经济绩效角度进行了总结。其中，第一章通过阅读大量的国内外相关文献，提炼出本书的研究主题，并详细论述了本书的研究背景，提出本书的研究目的、意义、方法、技术路线和论文结构以及可能的创新点。第二章归纳总结并在此基础上提出了本书涉及的几个核心概念，归纳总结农村一二三产业融合发展的理论基础。第三章主要归纳总结已有的关于农村产业融合的研究文献，分析存在的研究缺陷，找出本书努力的方向。

（三）案例研究法

农村产业融合的模式各个地方都在不断创新，出现了不同的融合模式，为了分析每种模式的形成机理和产生的经济社会效应，本书以山东省农业"新六产"融合发展作为案例研究，通过实地调研和访谈，并获得了当地政府和农业部门的案例材料，进行了深入剖析，有力地研究了农村产业融合的几种模式。

（四）问卷调查法

在第四章对我国农村一二三产业融合发展存在的问题研究中，对农业企业、家庭农场等新型农业经营主体发放调查问卷，并以此为基础，获得了农村产业经营者视角下农村产业融合面临的问题和存在的制约因素，为第八章提出更有针对性、实效性的政策建议做了铺垫。

（五）熵权层次分析法

在第五章农村一二三产业融合度评价指标主观权重确定中，选择使用了层次分析法（AHP），根据专家问卷调查，运用 Yaahp11.0 软件对各评价指标权重进行了计算，得出了主观权重结果。在对评价指标的客观权重计算中，选择使用了熵权法，运用 Matlab 7.0 软件对各评价指标进行了标准化处理，得出了客观权重结果。

（六）OLS 回归分析法

在第六章关于农村一二三产业融合的微观经济绩效研究中，对农村一二三产业融合度与农民人均可支配收入之间的关系中，采用了 OLS 回归分析法，选择固定效应模型，运用软件 Stata 13.0 求出了相关系数，得出两者正相关的关系。

二　数据来源

本书数据主要来源于"山东省农村一二三产业融合发展问题研究"课题，包括两个方面的数据：

一是调查问卷数据。共设计了两种问卷，分别是农村一二三产业融合度评价指标专家调查问卷和农村一二三产业融合发展问题调查问卷。在 2017 年 7—8 月暑假期间对山东省新型农业经营主体（包括农业企业、家庭农场、农民专业合作社和种植大户等）进行了调查。山东省位于我国中东部，下辖 16 个地级市、144 个县级行政区，是我国重要的农业大省。调查问卷发放的地点选择按照经济发展水平的不同，选取山东省 4 个比较有代表性的地级市，每个地级市选择两个县（市），每个县（市）选择 1—2 个乡镇。2017 年，这 8 个县（市）的经济发展水平为：龙口市 GDP 为 1190.9 亿元，全省排名第 5 位；莱阳市 GDP 为 769.3 亿元，全省排名第 25 位；寿光市 GDP 为 866.7 亿元，全省排名第 20 位；昌邑市 GDP 为 422.9 亿元，全省排名第 55 位；邹城市 GDP 为 968.6 亿元，全省排名第 13 位；金乡县 GDP 为 221.9 亿元，全省排名第 118 位；巨野县 GDP 为 298.1 亿元，全省排名第 90 位；鄄城县 GDP 为 192.9 亿元，全省排名第 127 位。样本县涵盖了山东省经济发展水平较高的县（市）、经济发展水平中等的县（市）和经济发展水平较低的县（市），其中诸城市属于"首批国家农村产业融合发展示范园"名单之列，所选区域具有较强的代表性。此次调查共发放问卷样本 160 份，调查人员与受访者面谈，现场填写调查问卷。对问卷进行认真审查后，得到有效问卷 147 份，问卷有效率为 91.8%。有效样本的地区分布情况如表 1—2 所示。

表 1—2　　　　　　　　　　有效样本的地区分布情况

样本市	样本县（市、区）	有效样本量（份）	比例（%）
烟台市	龙口市	18	12.24
烟台市	莱阳市	16	10.88
潍坊市	诸城市	15	10.20
潍坊市	昌邑市	18	12.24
济宁市	邹城市	20	13.61
济宁市	金乡县	20	13.61
菏泽市	巨野县	20	13.61
菏泽市	鄄城县	20	13.61
合计	—	147	100.00

其中，农村一二三产业融合度评价指标专家调查问卷除了对新型农业经营主体的调查外，还通过发送邮件的方式给 5 个高校的 10 位专家教授和济宁市、菏泽市农业农村局的 5 位政府工作人员进行了问卷调查。

二是山东省烟台市、潍坊市、济宁市和菏泽市的主要经济指标数据。这部分的数据获取来源有多个渠道，包括山东省农业厅调研处提供的调研报告、数据，国家统计局山东省调查总队提供的 2013—2017 年山东省农业统计资料，山东省及上述 4 个地市的统计信息网、农业农村局网站，山东省图书馆馆藏资料等。还有一些指标的数据是通过电话咨询获得。

三 技术路线

本书技术路线如图1—4所示。

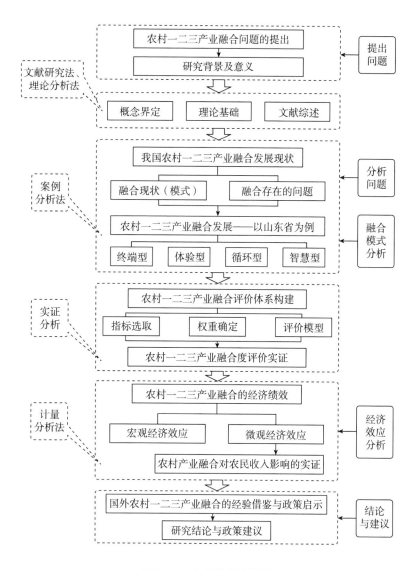

图1—4 本书技术路线图

第五节　学术创新与研究不足

一　思想方法创新

本书可能存在的创新有：

第一，研究视角的创新。农村一二三产业融合是当前学术研究界和政策理论界的热点问题，也是实施乡村振兴战略中推进产业振兴的重要途径。本书试图以山东省烟台市、潍坊市、济宁市和菏泽市的农村一二三产业融合为研究样本，从融合评价角度揭示出 4 个地市在农村一二三产业融合发展中的差异，进而解释出现差异的原因。采用这一研究视角，是出于产业融合评价体系和方法的复杂性，以及地方政府在对下一级政府绩效考评的紧迫性。采用这一研究视角，可以研判不同地区农村一二三产业融合水平的差异及其出现差异的原因，有助于地方政府制定可行的考核办法，提高决策的效率和出台政策的精准度。

第二，理论研究的创新。研究基于农业多功能性理论和产业链理论分析了农村一二三产业融合的路径选择和未来不同维度的融合方向。基于产业融合理论，以农村产业为视角，对农村一二三产业融合的理论基础进行梳理。基于产业结构理论，研究了农村经济结构中一二三产业之间演变的规律，为未来关于农村一二三产业融合的研究奠定了理论基础。

第三，应用实践的创新。研究采用熵权层次分析法构建了农村一二三产业融合度评价模型，为政策制定者提供了关于农村产业融合发展情况的监测工具。采用 OLS 回归分析法实证了农村一二三产业融合度与农民可支配收入之间的关系，为政策制定者破解当前"三农"问题，尤其在新形势下如何提高农民收入提供了决策依据。

二 研究不足

因研究能力和资料、数据有限，本书存在的主要不足在于：

第一，农村一二三产业融合评价中个别指标与融合度的评价联系不是很密切，层次分析法中对评价指标的赋值和权重计算存在主观性较高成分，需要进一步完善农村一二三产业融合发展程度的评价指标体系，提高四级指标选取的科学性、准确性，以使其能够更好地解释三级指标内涵，以提高评价结果的准确度。

第二，农村一二三产业融合度应该是对实际发展水平的度量，应该在今后的研究中通过一定的融合度划分标准和评价标准进行判断这个度量值是否在合理的发展范围，或处于什么阶段，需要在这方面的研究再完善提高。

第三，以山东省烟台市、潍坊市、济宁市和菏泽市4个地市为实证对象，实证对象的代表性有待提高，研究范围有待拓展到全国，研究视角应逐渐上升到国家层面。

第二章 概念界定与理论基础

第一节 概念界定

一 农业产业化与新型农业经营主体

（一）农业产业化

产业革命以来，随着技术进步和社会分工的发展，农业产业的分化加速，与其他经济部门的分工越来越细，经济交往日益增加。特别是第二次世界大战以后，世界各国农业与其关联产业的发展日益紧密。1992年党的十四大提出建立社会主义市场经济后，全国各地对农业市场化、农业产业化发展的研究和探索掀起了一股高潮，最终形成了农工商、产供销一体化的新时期农业发展模式——这就是最早被学术界所界定的"农业产业化"。因此，农业产业化的概念被认为是我国在1993年总结农业和农村发展经验时提出来的。

随着农业的现代化发展，农业产业化逐渐被界定为以市场为导向，以农业加工企业或农业合作经济组织为依托，以广大农户为基础，以农业科技服务为手段，通过将农业再生产过程中的产前、产中、产后等诸多环节联结成为一个完整的农业产业系统。同时，也是实现种养加产供销、农工商一体化经营，引导分散的农户小生产迅速转变为社会化大生产的新型组织形式。这也是被称为现代版的农业产业化的定义。农业产业化还可以从准宏观和准微观（一般并称为中观）两个经济层次上加以认识和理解。从准宏观的结构层次上分析，农业产业化是指随着科技进步和经济的发展，农业产业不断分化和综合，农业与其关联产业日益紧密结合并实现协调发展的过程；从准微观的组织层次上分析，农业产业化是指随着农业市场化和社会化的发展，在农业生产经营过程中，农户（农业企业）与有关利益各方为获取规模经济效益，自愿采用一定的组织形式进行联合从而实现一体化经营的过程。

（二）新型农业经营主体

农业经营主体是农业产业化的主要推动者。它是指直接或间接从事农产品生产、加工、销售和服务的任何个人和组织，而新型农业经营主体的关键在于其"新"，可以说是一个与小规模、碎片化传统农业经营相对的概念（张义珍，1998）。有的学者认为，新型农业经营主体是在家庭联产承包经营制的基础上，具有较大规模，生产较为专业，能够较好地适应市场需求的组织（郭庆海，2013）。还有的认为新型农业经营主体是从兼业化向专业化、碎片化向规模化、传统农民向现代农民转型的农业经营组织（唐明霞，2017）。《浙江省人民政府办公厅关于大力培育新型农业经营主体的意见》中指出，"新型农业经营主体，是指在家庭联产承包经营制度下，经营规模大、集约程度高、市场竞争力强的农业经营组织和有文化懂技术会经营的农民"。综上可见，对于新型农业经营主体的含义，虽然不同学者存在不同的见解，但都认为新型农业经营主体的特征离不开规模化、集约化、专业化、组织化和科学化这几个方面。这些特点综合地体现了农业经营主体"新型"的特征，这也是区别于中国传统农业经营体系的重要标尺。有关新型农业经营主体的构成和分类，学术界的看法相对统一。有的从微观角度将新型农业经营主体分为3类：①家庭经营，其中包括专业大户、家庭农场；②合作经营，包括专业合作社、土地股份合作社；③公司制经营，包括龙头企业、专业服务公司

（陈晓华，2014）。有的直接将新型农业经营主体分为种养大户、家庭农场、农民合作社、龙头企业和经营性农业服务组织 5 种类型（张照新、赵海，2013）。这也是目前学术界通常所理解的新型农业经营主体的不同类型。

二 "六次产业化"

"六次产业化"的概念最早源于 20 世纪 90 年代后期，由日本学者今村奈良臣提出，他认为农业应该与二、三产业相结合成为一种综合性的产业，这样有利于获取二、三产业的附加值，提高农民的收入。当时的日本农业面临着困境，农民收入不高。他提出这一概念后的几年里，在国际上并没有引起太多的注意。"六次产业化"的概念真正引起广泛关注是进入 21 世纪，日本政府开始大力推进"六次产业化"，日本学者也掀起了研究"六次产业化"的热潮。从日本学者研究的内容来看，主要把"六次产业化"划分为四种类型，分别是"1 次""1 次×2 次""1 次×3 次""1 次×2 次×3 次"。这一概念重点强调农村发展的内生性，认为农村产业化的主体是农民合作组织，通过本地生产的农产品就消费在本地的方式来助推产业振兴。日本"六次产业化"比较有代表性的发展模式有：生产者主导型；妇女、高龄者主导型；自治体、农协主导型；城乡交流型；公司法人型。

近年来，我国学者对"六次产业化"的概念开始逐渐解读和研究，如徐哲根（2011）认为，"六次产业化"可以定义为："充分有效地利用农村地区资源，以第一产业的农业为基本，综合发展农产品加工等第二产业和农产品直销、饮食业、休闲农业等第三产业，以及农村各产业有机整合的过程"。总的看来，日本"六次产业化"的理论指导对农业现代化的发展效果显著，也对我国产生了深刻影响。我国学者的研究为农业产业化提供了很好的理论基础和实践探索。

三 农村一二三产业融合

在"六次产业化"的理念指引下，我国农村一二三产业发展迅速，农村各产业间呈现出加速融合的趋势。2015 年 12 月 30 日，国务院办公厅发布《关于推进农村一二三产业融合发展的指导意见》，这是我国官方文件中第一次提出农村一二三产业融合发展，随后 2016 年 11 月 14 日，农业部印发《全国农产品加工业与农村一二三产业融合发展规划（2016—2020 年）》，这两个文件都未对农村一二三产业融合下定义，但从文件具体内容看，其定义应该包含农村产业链的完整、农业的功能多样、农村产业业态的多元化和紧密的利益联结机制等。

在农业产业化发展实践中，传统意义上的农村一二三产业之间各自分立、界限严格、互不交融的发展格局被逐步打破，传统农业与其他产业之间的界限也被逐步突破，开始呈现出横向互补交叉、纵向渗透融合的全新发展趋势。农业与旅游业、农业与工业、农业与生物技术及相关产业、农业与信息技术产业等的全方位融合，推动了工厂化农业、旅游农业、休闲农业、生物农业、数字农业等新型农业的发展。从国内外实践看，农村产业间的融合，有的是通过农业经营主体把一二三产业内化在一个组织内部，这种方式通常被称为一体化；有的是在新型农业经营主体带动下，通过增值分享和风险共担等方式，把不同主体分别经营的一二三产业或者其中的某些环节有效地联结起来，通过建立健全现代利益联结机制，让各参与主体分享增值收益。这种模式我们称之为农村一二三产业融合发展模式。

（一）内涵界定

对农村一二三产业融合的研究都是先从其概念含义开始，不同学者站在不同视角，对"农村一二三产业融合"或"农业产业融合"内涵的认识有不同理解或解读。随着研究和实践的不断深入，基本形成了共识。比如陈晓华（2015）认为，农村一二三产业融合是以农业为基本依托，以产业化经营组织为引领，以利益联结机制为纽带，通过产业联动、要素集聚、技术渗透、体制创新，促进农业产前、产中、产后以及休闲服务各环节的有机结合，实现农业产业链的延伸、价值链的跃升、功能的拓展、多主体的共赢，让农民参与二、三产业、分享增值收益。综合来看，研究视角可分为产业链、农业经营主体、农业产业、融合本质和多功能性几大类，如表2—1所示。

表2—1　　　　　农村一二三产业融合概念含义的界定综述

研究视角	学者	概念含义
产业链视角	赵海（2015）	各类农业产业组织通过延伸产业链条、完善利益机制，打破农产品生产、加工、销售相互割裂的状态，形成各环节融会贯通、各主体和谐共生的良好产业生态
	段海波（2014）	农业产业链的横向拓宽，形成多重产业属性的新型产业，而单一和线性发展的农业产业化并未形成新业态，二者联系在纵向长度与横向宽度的乘积构成一块状农业产业链
经营主体视角	刘清（2016）	同一农业经营主体在从事农业生产的同时，在同一区域从事同一农产品加工流通和休闲旅游，进而分享农业增值增效收益的经营方式
产业视角	郑风田、崔海兴（2015）	以农业为基础和依托，借助产业渗透、产业交叉和产业重组方式，通过形成新技术、新业态、新商业模式延伸农业产业链，由一产向二产和三产拓展，打造农业产业综合体和联合体，进而达到实现农业现代化、城乡发展一体化、农民增收的目的
	王昕坤（2007）	农业产业融合界定为发生在具有紧密联系的产业或同一农业产业内部不同行业之间，原本各自独立的产品或服务在同一标准元件束或集合下，通过重组完结为一体的整合过程，即包括产业间融合和产业内融合
	马晓河（2015）	以农业为基础和依托，通过多种形式的要素跨界集约配置，实现农业产业链延伸、价值链跃升、功能拓展、多主体共赢，让农民参与二、三产业、分享增值收益，达到实现农业现代化、城乡一体化、农民增收目的
融合本质视角	姜长云（2015）	实质是新经济技术条件下旧产业的聚变与新生，无论以何种方式或呈现何种业态，必须形成新技术、新业态、新商业模式
	宗锦耀（2015）	从狭义和广义角度将农村一二三产业融合界定为一种经营方式

研究视角	学者	概念含义
多功能性视角	王兴国 （2016）	农业生产经营者统筹利用农村的自然、生态、文化资源，以农业生产为基础，以农业多功能性为依托，综合发展农产品加工、销售、餐饮、休闲、观光等产业形态，积极分享农业全产业链增值的过程

科学辨识农村一二三产业融合，尤其是与农业产业化的联系和区别至关重要。何立胜（2005）、李世新（2006）认为，农业与相关产业融合是农业产业横向一体化结果，将其与农业产业化区别开。梁伟军（2010）认为，农业产业化是纵向农业产业融合形成路径。我国提出推动农村一二三产业融合发展，更多是强调其"特色"或"亮点"。如多数学者认为农村一二三产业融合核心是开发农业多种功能和价值，将农业流到非农领域的就业岗位和附加值内部化，将增值收益留给农民，能否形成合理利益联结机制是与过去发展乡镇企业的最大区别。农村一二三产业融合平台和载体是农民家庭、农民合作社（叶兴庆，2015；党国英，2015），农民合作社是最突出的实践样本（林建华，2015）。因此，目前经营主体内部产业融合强调以合作社方式连接农户、家庭农场。李国祥（2017）认为，农村一二三产业融合可以表述为以产业链延伸、产业范围拓展和产业功能转型为表征，以技术融合和体制机制创新为动力，以产业发展和发展方式转变为结果，形成新技术、新业态、新商业模式，实现产业跨界融合、要素跨界流动和资源集约配置，激发新的市场需求及其在农村的整合集成，带动农村产业布局的优化调整。

（二）融合模式

1. 农业与工业的融合

农产品加工业是农业与工业融合的主要产业形式，它是指以农产品、人工种养或野生动植物资源及其加工品为原料进行加工生产活动的综合。在某些农业领域，生产过程越来越广泛地利用工业的工艺和管理方法，实行工厂化生产，实现了农业的工业化。农业的工业化管理可以延伸农业产业链，并且使农业产业链的各个环节处于相对独立状态，工业工艺也为农业和农业关联产业属性上的融合和组织一体化创造了条件。农业初始产品附加值较低，是导致农民增产不增收的因素之一。农产品深加工业被称为农产品的"第二次生命"，它能够使农业与工业相结合，不断延伸农业产业链前端和后端，提高农业附加值，是农业发展的主攻方向，是农民增收的主要渠道，是传统农业向现代农业转变的重要途径。

2. 农业与旅游业的融合

农业与旅游业融合主要形态是观光农业，它是指广泛利用城市郊区的空间、农业的自然资源和乡村民俗风情及乡村文化等条件，通过合理规划、设计、施工，建立具有农业生产、生态、生活融于一体的农业区域。这类农业的特征是要将当地生产资源、种植作物、产品加工、村镇建设、道路建设、自然景观和旅游设施总体规划、合理布局、融合特色。观光农业不仅反映当地文化观念和传统，而且成为传承当地文化和传统的载体，能够满足旅游观光者的精神需求。观光农业最初是由沿海一些地区城市居民郊野景色的游览和果蔬的采摘活动，快速发展成为全国范围内对观光农业的全面建设。

3. 农业与信息产业的融合

农业与信息产业的融合是指以农业科学为理论指导，以信息技术为基础，用信息流调控农业活动的全过程，创造新的生产模式，是农业现代化的高级阶段。农业与信息产业的融合，大大提高了互联网技术在农业中的作用，是农业发展向智能化方向转变。互联网信息技术通过对农业信息技术进行加工处理，逐渐形成了感知、传输、控制及作业的一种新型工作模式，推进了农业生产的规范化和标准化，大大节约了人力成本，并且提高了产品的品质。信息化农业主要从生产、加工、销售、消费环节实现信息化，对于规模农业更便于实施。

四 农业"新六产"

近几年,农业与其他产业的融合催生了很多新产业、新业态,以此带来的新提法也日渐增多。有学者认为农业业态是指农业产业组织为适应市场需求变化,将生产经营所涉及的多元要素进行组合而形成的不同农产品(服务)、农业经营方式和农业经营组织形式所呈现的形态。还有的认为农业新业态是指不同产业之间的相互融合或者通过拓展农业产业链条,从而将单一的经营模式和产品转变为具有创新性的新产品、新服务,这种新产品、新服务能够满足不同消费者需求,且具有一定的经营规模。农业新业态具有产业成长性好、产业附加值高、产业引领性强等特征。在农村一二三产业融合发展的过程中,出现了像乡村旅游、农村淘宝等新业态,这些业态都是产业渗透、交叉和整合的结果,并无明显的产业界限,却有极强的带动能力。这些产生于产业融合的过程,又能推进农村三产融合,诸多学者将这些业态统称为"新六产"。山东省是我国农业大省,也是全国农业产业化的发源地,近几年农村产业融合发展迅速。2017 年,山东省政府办公厅出台了《关于加快发展农业"新六产"的意见》,在这个文件中,农业"新六产"的定义被确切表述为,以农业为基础,以农民增收为目标,延伸产业链,促进农村三次产业跨界融合,实现产业"1+2+3";提升价值链,通过加工增值、服务增值,产生乘数效应,实现效益"1×2×3";贯通供应链,减少流通环节,实现产销直接对接,发展终端型、体验型、循环型、智慧型新业态、新模式,促进农业全环节升级、全链条升值。已有文献研究表明,农业增加值在生产、加工、销售领域的贡献中,大致是农业生产占 20%、加工占 30%、销售占 50%。2018 年,山东省省长龚正提出,农业"新六产"是农业产业化的"升级版",是指第一产业接二连三、向后延伸,第二产业接一连三、双向延伸,第三产业接二连一、向前延伸,第一产业的一份收入,经过第二产业加工增值为两份收入,再通过第三产业的营销服务形成三倍收益,综合起来是六份收入，产生乘数效益，实现一二三产业融合发展。

第二节　理论基础

一　产业经济学理论

（一）产业结构理论

产业结构也被称为国民经济的部门结构，是经济结构中最重要的组成部分。指生产要素在各个产业部门之间的比例关系以及相互依存、相互制约关系，一般以产业增加值占国内生产总值中的比重或产业就业人数占总就业人数的比重来衡量。产业结构决定着各种生产要素的配置，而这种配置效率是经济增长的主要决定因素，所以产业结构的差异决定着经济增长的潜力。关于产业结构理论的研究，经历了漫长的历史过程。

从 20 世纪 50 年代开始，产业结构理论研究得到快速进展。如英国古典政治经济学创始人威廉·配第（William Petty）在其著作《政治算术》中对不同产业之间的收入变化规律进行了阐述，研究发现：相对农业而言，工业的收入较多，而商业的收入又比工业多。因此，服务业的附加值最高，其次是工业，最低的是农业。1940 年，克拉克（Colin Clark）在其著作《经济进步的条件》中，以威廉·配第的研究为基础，对 40 多个国家和地区不同时期三次产业的劳动投入产出资料进行了整理和归纳，总结出随着经济发展和人均国民收入水平的提高，劳动力首先由第一产业向第二产业转移，然后再向第三产业转移的演进趋势。两人研究的结论被称为著名的"配第—克拉克定律"。

德国经济学家霍夫曼（W. C. Hoffman）在 1931 年出版的著作《工业化阶段和类型》中，对工业化进程中的工业结构演进规律进行了开创性研究，并提出了著名的霍夫曼经验定理。该定理通过分析制造业中消费资料工业生产与资本资料工业生产的比例关系（消费资料工业的净产值/资本资料工业的净产值），得出随着一国工业化的进展，消费品部门与资本品部门的净产值之比是逐渐趋于下降，霍夫曼比例呈现出不断下降的趋势。

美国经济学家西蒙·史密斯·库兹涅茨（S. S. Kuznets）在 1966 年其著作《现代经济增长》中对产业结构与经济增长关系的研究丰富了产业结构理论。他认为，随着经济的不断发展，农业占国民经济总产值的比重有不断降低的趋势，并且从事农业的人数占总人数的比重也不断降低，也就是第一产业对国民经济增长的贡献会随着经济的进一步发展而下降。与第一产业相比，第二产业和第三产业的比重会不断增加，工业与服务业的发展对国民经济贡献越来越大。但从工业与服务业增长的趋势来看，工业经济的增长趋势虽然一直上升，但是增幅会越来越小，服务业则不同，从总量占比和从业人数都是一直上升的趋势。

英国经济学家刘易斯（W. A. Lewis）在 1954 年出版的著作《劳动无限供给条件下的经济发展》中，提出了在发展中国家普遍存在着两个完全不同的生产部门，一个是以传统农业生产为主的农村部门，另一个是以工业制造业为主的现代城市部门，存在典型的二元经济结构。研究认为，在劳动力无限供给的假设前提下，两个部门的生产方式、生产力水平及收入水平均存在差异。在传统的农业生产部门，存在着边际生产率为零的剩余劳动力，从业人员平均工资收入水平普遍低于以工业制造业为主的城市部门，于是劳动力就会由农村部门转向城市部门。因此，农业剩余劳动力的非农化转移能够促使二元经济结构逐步削减。后来费景汉、拉尼斯（H. Fei & G. Ranis）修正了刘易斯模型中的假设，在考虑工农业两个部门平衡增长的基础上，完善了农业剩余劳动力转移的二元经济发展思想。

从以上理论来看，我国快速的工业化和城镇化，平均利润率高于农业部门的城市工业部门吸纳了大量农业剩余劳动力。据统计，近 40 年来，我国城镇化率由 1978 年的 18% 提高到 2018 年年底的 58.5%，大约有 3.9 亿人从农业部门转向城市部门。但是，随着城市部门对吸纳农业剩余劳动力的不断饱和，即"刘易斯拐点"到来，劳动力转移的速度不断下降，再加上经济高质量发展的要求，农业劳动力的就业需求和收入提高的要求难度加大。于是，在此经济发展背景下，必须通过农村的一二三产业融合，使农业接二连三，扩大第二产业吸纳就业能力，提高农业的附加值，提高农民收入水平。

（二）产业链理论

产业链是产业经济学中的一个重要概念，它是指在一种最终产品的生产加工过程中——从最初的矿产资源、原材料到最终产品的生产销售，直至到达消费者手中——其包含的各个环节所构成的整个纵向链条。在这个纵向链条中，每个环节都可能是一个相对独立的产业，某一个产业的产品构成另一个产业生产的投入品。任何产品或服务的生产都涉及相当多的活动，从获取原材料开始到最终产品的分配和销售及各个环节间的关系，被称为某一产业的纵向链条和纵向关系。随着技术的发展，生产程度的提高，生产过程划分为一系列有关联的生产环节。分工与交易的复杂化，使得在经济中通过什么样的形式联结不同的分工与交易活动成为日益突出的问题。

产业链形成的原因在于创造产业链是产业价值实现和增值的根本途径。任何产品价值只有通过最终消费才能实现，否则所有中间产品的生产就不能实现。同时，产业链也体现了产业价值的分割。随着产业链的发展，产业价值由在不同部门间的分割转变为在不同产业链节点上的分割，产业链也是为了创造产业价值最大化，它的本质是体现"1+1>2"的价值增值效应。这种增值往往来自产业链的乘数效应，这种乘数效应即产业链中的某一个节点的效益发生变化时，会导致产业链中的其他关联产业相应地发生倍增效应。

产业链理论源于亚当·斯密的产业分工理论，他早在其著作《国富论》中就曾经阐述过工业生产是基于一定分工原则的生产链条。之后，马歇尔将分工思想延伸到企业生产之间，强调生产过程中的协同作用，被认为是产业链的思想源头。马歇尔将分工理论拓展到了企业间的协作理论成为产业链理论的起源。美国经济学家阿尔伯特·赫希曼（Albert Otto Hirschman）在1958年出版的《经济发展战略》著作中，正式提出了产业链的概念。

随着产业链理论研究的发展，逐渐兴起了对价值链和供应链的研究，进一步丰富了产业链理论的内容。价值链从微观层面和价值创造的视角，阐述了产业链中价值创造的机理，供应链则是从微观层面和企业管理的视角，阐述了产业链中企业间分工协作的形式和内容。产业链理论在中国得到了广泛研究和高度重视，最初源于对农业产业链的研究，后来逐渐拓展到对其他产业的产业链的研究。

产业链整合是产业链理论研究中的重要内容，产业融合正是产业链优化整合的重要途径。产业链整合体现为产品整合、价值整合和知识整合三个层面。产业融合中新产品的产生，体现了产业间不同要素整合成新产品的过程。产业融合中产业链的改变，主要体现了主动融合产业通过核心价值要素的应用和推广，对被融合产业的产业链中各个组成部分价值整合和知识整合的过程。由产业链理论可知，农村一二三产业间的融合就是要研究如何通过创造产业链来提升农业附加值，研究如何通过农村产业链整合来促进价值链整合。

（三）产业政策理论

产业政策理论是产业经济理论中又一个重要的组成部分。产业政策的概念产生于第二次世界大战之后，但在此之前，产业政策的思想及其实践就已经出现了。19世纪40年代，德国历史学派的代表李斯特，发表了他的名著《政治经济学的国民体系》，从历史的角度对各国的经济与政策进行了比较分析，并特意对比了英国的自由贸易政策与海外扩张政策，以及美国的关税保护与产业扶植政策，提出国家应在经济发展的不同时期采取不同的经济政策。日本是世界公认的提出并实施产业政策且卓有成效的国家。日本通过实施产业复兴政策与产业合理化政策，成功实现了产业重建与经济复兴的目的。

产业政策具有鲜明的时代特征，因关注的时段、经济背景不同而有不同解读，其内涵并不唯一，定义的不唯一性实质上是产业政策极具争议性的一个很好的脚注。帕克和萨吉认为，产业政策是通过政府干预或公共政策支持一些产业部门，以改变生产结构、创造更好的经济增长前景，该效果不能通过市场均衡自动得以实现。诺曼和斯蒂格利茨将产业政策定义为影响资源配置和积累，影响技术选择的公共政策，其中，旨在促进学习和技术升级活动的政策是产业政策的重要内容；并认为产业政策问题的实质，是市场和政府关系及各自在经济发展中的功能定位。潘纳德指出，产业政策是为了提高产业的竞争力，即为了实现生活标准持续提高过程中经济系统更强的演进能力而实施的政府干预。从纯字面上说，产业政策的内涵十分广泛，囊括了影响工业特别是制造业的所有政策。

中国是实施产业政策比较多的国家，产业政策是中国政府工具箱中居于中心地位的政策工具，对中国经济发展有重大影响。2016 年，林毅夫和张维迎关于产业政策的交锋，引发了学者、官员、企业家对产业政策的大讨论，对中国产业政策产生了广泛而深远的影响。近年来，产业政策的理论和经验研究，成为国内外相关学者关注的重点领域。历史经验表明，产业政策对于经济持续增长和转型是必要的，但是还应看到，产业政策不是经济成功的充分条件，甚至并非必要条件；只有与社会经济制度相适应，与发展阶段、经济结构、资源禀赋相匹配的、良好设计的产业政策，才可能是经济成功的必要条件。

二　农业经济学理论

（一）农业多功能性理论

农业是人类社会生存发展的基础，其在不同经济发展阶段所发挥的作用和功能会有所变化，也就是农业的多种功能性需求会不断产生。传统的理论认为农业具有四大功能，即农业提供农产品、为城市工业品提供市场、提供生产的原材料和创造外汇。随着人类工业化进程的加快，城镇化快速的提高，越来越多的人聚集到城市，这就带来一定程度上的农业生态环境恶化，农耕文明的消失。同时，农业传统功能是在商品短缺经济条件下的，一旦出现了农产品的市场饱和，农业的其他功能将显得日益重要起来。特别是近些年来，第一产业生产总值在整个国民生产总值中的比重逐渐下降，农业越来越呈现"小部门化"，针对农业在现代经济发展中被弱化、边缘化的现象，农业多功能性理论悄然诞生。农业多功能性是农业生产活动除了具备粮食和原材料供给功能外，还包括与农业相关的改善农村生态环境、维护生态多样性、保持农村文化遗产等多重功能。从农业性质和功能来看，农业的价值不仅体现在农业生产的市场价值上，还直接表现在农业生产具有较强的公共产品属性和外部经济性，且农业生产的外部效应远远超过了它的经济效应。时至今日，农业的最基本功能主要有以下几种。

1. 确保粮食安全的功能

对于一个独立国家，任何一个执政党的首要任务就是让人民吃饱饭，确保国家粮食安全，这也是农业作为国民经济基础地位的体现。从世界范围内来看，大约还有60%以上的国家国产粮食供给不足，基本靠进口。我国作为世界上人口最多的国家，粮食安全问题比任何一个国家都重要，确保口粮绝对安全是党的十八大以来以习近平同志为核心的党中央一直强调的头等大事。根据联合国粮食计划署对粮食安全的定义，粮食安全是指所有的人在任何时候，在经济上有能力并且可以获得足够数量卫生、安全和营养的食品，达到积极和健康生活的需要。

2. 提供良好生态环境的功能

人类除了享用安全健康的农产品外，还需要呼吸新鲜的空气，需要环境美好的休闲空间。农业生产一方面本身可以提供干净空气、绿化环境，保持良好生态；另一方面，它又会消耗水资源，使用化肥农药，污染和破坏土壤、生态环境。这种农业生产的双重性，就决定了农业生产方式必须向积极的方向引导，尽量避开负面影响，这也是当前进行农业生产方式转变的根本要求。

3. 传承农耕文明的功能

2013 年 12 月召开的中央农村工作会提出："农耕文化是我国农业的宝贵财富，是中华文化的重要组成部分，不仅不能丢，而且要不断发扬光大。"传承农耕文明的功能即农业文明传承和农业文化教育功能。农业生产作为一种物质资料生产活动，与人们精神文化生活紧密相关，孕育出了农业文明。农业文明是人类文明的基础，人类文明经历了农业文明、工业文明发展阶段，正在向新的文明形态，如信息文明或生态文明过渡。在农业文明发展的基础上，形成了农业文化，包括农业物质文化、制度文化、精神文化等不同层面，具体涵盖农业设施、农耕传统、农业消费、农村习俗等农业文化内容。农业的发展，对传承农业文明、普及农业知识和进行农业文化教育具有十分重要的作用。

4. 政治功能

政治功能即农业发展的社会稳定功能，包括保证粮食生产、促进就业、农民增收、社会保障功能。农业生产出大量的农产品，保证人类的衣食之需，避免了饥荒等可能引起的社会动乱。农产品生产、加工、销售、服务等生产经营活动提供了充分的就业机会，有利于促进社会就业，保持社会稳定。农业的发展和农业产业竞争力的提高，有利于增加农民收入，提高农民生活水平，使其专注农业生产。土地具有重要的社会保障功能，对于发展中国家而言，比如中国在社会保障体系不够健全的环境下，农户承包的土地是其最可靠的基本生活保障来源，其社会稳定意义尤为突出。

（二）产业融合理论

产业融合是不同产业之间或同一产业不同行业相互交叉、相互渗透，从而出现产业界限模糊，最终形成新的产业的一种经济现象。它是在经济全球化、科学技术快速发展的条件下，提高生产率和竞争力的一种发展模式和产业组织形式。对产业融合现象的研究最早起源于20世纪60年代的西方学术界，当时主要是从技术角度研究，到了90年代开始逐渐从经济学角度来解释这一现象。我国学者对产业融合理论的研究从21世纪初才开始，直至近些年逐渐成为产业经济研究者研究的重点。

国内外学者对产业融合理论的研究，主要围绕产业融合的含义、形成的原因、融合内容、融合的类型和融合产生的经济效益等内容来研究。经过中外多数学者的共同研究，逐渐形成了一套产业融合理论。其内容主要包括：一是技术的不断创新改变了原有产业的产品或服务的技术路线，从而改变了原有产业的生产成本函数。因此，产业融合的内在驱动来源于技术的不断创新。技术的不断创新不仅改变了生产成本函数，还改变了市场的需求特征，增加了新的市场需求，拓宽了产业融合带来的市场空间。二是宽松市场环境是产业融合发展的外部条件。产业融合发生在不同产业间，这就需要进入不同产业的企业拥有一个宽松的发展环境，不存在进入壁垒或者进入成本较小。这使得政府在为产业融合发展中，应该放松或较少地对融合企业进行管制措施，为产业融合提供必要的准备，促进产业更好地融合。三是产业融合的主要内容包括技术性融合、市场性融合、产品或服务融合及其企业的融合。技术性融合是产业融合的前提条件，市场性融合是产业融合的平台，企业的融合是主体，技术、产品或服务以及市场性融合是客体，主客体相统一，形成了完整的产业融合内容。企业的融合可分为产业间的延伸融合与产业内部的重组融合。产业融合具有重要的产业创新效应，提高了产业的价值创造功能，是传统产业创新的重要手段，有利于产业结构转换和升级。农村一二三产业的融合是技术融合、市场融合与产品融合的结果，产生了乡村旅游、休闲观光、采摘农业等新产业形态，既延伸了农村产业价值链，又让农村产业增值空间最大化，成为农村经济新的增长点。

第三章 农村一二三产业融合研究综述

现有文献资料中，国内外的学者多在产业融合的动因、农村产业融合的模式、融合水平评价和融合的经济社会效应方面进行了大量有意义的研究，本章主要对已有关于产业融合与农村产业融合的相关文献进行综述，并对其述评。

第一节 产业融合及其动因的研究

为什么会出现产业融合现象，是什么推动了产业之间的融合，国内外的学者就此做了深入的研究。

一 产业融合

关于产业融合的研究，国外学者格林斯腾和汉纳（Greenstein & Knanna，1997）从产业变动的角度认为，产业融合作为一种经济现象，是指为了适应产业增长而发生的产业边界的收缩或消失，并把产业融合分为替代性融合和互补性融合。厉无畏（2003）提出，产业融合是指不同产业或同一产业内的不同行业之间相互交叉、相互渗透，最终逐步形成新产业的动态发展过程。产业融合的结果是出现了新的产业或新的增长点，这一现象如同不同学科的交叉融合会产生新的学科一样。詹浩勇（2004）认为，产业融合是指从经济和技术有机联系出发，通过技术革新特别是互联网发展为主导的，建立在数字融合基础上的，各产业间的壁垒逐渐降低，而竞争合作关系不断加强的一种优化过程。李美云（2005、2007）提出，产业融合可以定义为：以前各自独立、性质迥异的两个产业或多个产业出现产业边界的消弭或模糊化而使彼此的企业成为直接竞争者的过程。胡永佳（2007）在其博士论文《产业融合的经济学分析》中从两个方面对产业融合的相关定义进行梳理。他认为，从产业融合的关键特征进行定义，产业融合包括技术演化论、边界模糊论、过程统一论、产业组织论、产品产业创新或产业发展论；从产业融合涉及的范围进行定义，则产业融合可以分为狭义层次、中间层次和广义层次来理解。胡金星（2007）认为，产业融合是在开放产业系统中，技术与标准等新奇地出现与扩散，引起不同产业构成要素之间相互竞争、协同与共同演进而形成一个新兴产业的过程，其本质也是一个自组织的过程。

二　产业融合的动因

通过梳理归纳学者们对产业融合形成的动因，可以分为以下几个视角：

（一）技术创新和政府管制视角

美籍奥地利经济学家熊彼特（Joseph Alois Schumpeter）认为：所谓创新就是建立一种"新的生产函数"，生产函数即生产要素的一种组合比率 $P=(a, b, c, \cdots, n)$，也就是说，将一种从来没有过的生产要素和生产条件的"新组合"引入生产体系。有关产业融合的创新动因，美国哈佛商学院教授迈克尔·波特等（Michael E. Porter, 1985；Blackman, 1998）认为，技术创新或技术融合能够改变传统产业的边界，是产业融合产生的主要动力。多数学者归于技术进步与政府管制的放松。如 Lei（2000）认为：产业之间具有共同的技术基础，是产业融合发生的前提条件，首先发生技术融合，才能够发生产业融合。日本著名产业经济学家植草益（2001）认为，产业融合源于技术进步和规制的放松。国内学者于刃刚（2006）把产业融合的原因归结于技术创新、政策放松经济性规制、企业跨产业并购、组建战略联盟以及四者之间的相互作用。

我国最早研究产业融合的学者马健（2002）认为，产业融合是由于技术进步和放松管制发生在产业边界和交叉处的技术融合，改变了原有产业产品的特征和市场需求，导致产业的企业之间竞争合作关系发生改变，从而导致产业界限的模糊化甚至重划产业界限。何立胜、李世新（2005）等人把产业融合看作是不同产业或同一产业内的不同行业，在技术与制度创新的基础上相互交叉、相互渗透，逐渐融为一体，形成新型产业形态的动态发展过程。梁立华（2014）则重点强调了技术创新在产业融合中的作用，认为在农村一二三产业融合过程中，技术创新改善了农业生产方式和技术水平，为农业与二、三产业的融合发展提供了技术可能，并在制度创新的驱动下，农村一二三产业融合联结机制更加紧密，从而推动技术创新、产业融合走向更高水平。学者李玉红（2013）认为，技术创新在不同产业间的扩散，是产业融合形成的过程，但主要是指信息产业的融合，并没有针对一般产业，因此具有一定的局限性。

综合国内外有关产业融合的创新动因研究，可以看出，产业融合的产生是多种因素相互作用、相互影响的结果，基本上可以概括为外在因素与内在因素等两个方面。外在因素主要有全球化与自由化、产业管制政策的放松、消费需求变化等；内在因素包括技术创新、管理创新或战略联盟、企业基本组织原则的变革等。具体到我国，产业融合创新动因和创新过程主要是经营主体对融合创新驱动力（主要来自发展生产、提高收入和改善生活等方面的需要）和创新阻力（主要是传统观念、舆论压力和失败风险等）的博弈过程。当驱动力大于阻力，产业融合创新开始发展；当驱动力小于阻力，经营主体就不会主动进行产业融合创新。

（二）降低交易成本视角

交易成本理论是英国经济学家罗纳德·哈里·科斯（Ronald H. Coase）1937年提出来的，以经济组织的交易成本为分析对象，组织因专业分工的出现，而可能与其他组织之间产生交易，降低交易成本是他们的目标。因此，交易成本理论是基于经济学及参与交易主体"有限理性和机会主义"这两个基本假设，分析主体间为促成交易而产生的所有成本。经济组织之间通过合同契约、政策制度等形式，结成一种"持久性的组织关系"，大大降低了交易成本。以我国农村地区的发展实践来看，特别是农业经营主体，在与第二产业或第三产业有关经营主体融合时，一方面，能够充分利用第二产业或第三产业的发展新理念、新技术和及时的市场信息，实现资源充分利用与合理配置，如休闲农业这种业态，就是农业经营主体充分利用休闲旅游业的发展理念与基础设施以及庞大的旅游群体，实现资源合理配置；另一方面，通过三次产业的融合而生成新型的发展模式和行业业态，使得行业组织之间的协作更为密切，相互之间交流更为便捷，这本身也能降低贸易主体的贸易成本。

美国加州大学伯克利分校奥利弗·伊顿·威廉姆森（Oliver Eaton Williamson）教授，将交易成本分为搜寻成本、信息成本、议价成本、决策成本、监督成本、违约成本六项，进一步区分为事前、事后两类交易成本。提出了描述交易性质的三个维度：第一，资产专用性。资产专用性是指只有当某种资产和某项特殊的用途结合在一起的时候，这种资产才有价值，否则其价值基本上体现不出来，或者即使有价值，与为了获得这项资产所进行的投入相比，资产的所有者也是受损失的。资产的专用性越强，其所有者在和别人进行谈判时"筹码"也就越少，要完成这类交易的成本也就上升了。第二，交易所涉及的不确定性。当交易由于外界原因以及机会主义行为而有很大不确定性时，纵向一体化行为能有效地降低风险。第三，交易的频率。交易重复的频率越高，维持纵向一体化的治理成本也更容易被抵消，因而生产组织越倾向于纵向一体化。基于交易费用理论，农村产业融合经营主体为了降低交易成本，减少风险，必将通过兼并分散的农户，建立原料生产基地，来加快产业链协作、企业联盟化运作。这些行为将进一步推动产业之间的融合发展。学者李治（2017）则从交易成本角度对农村产业融合进行了研究，认为农村一二三产业融合本质是交易成本内部化，农村产业融合通过积极引进农业以外的新理念、新技术、新模式等，缩短农产品生产与消费间的交易距离，以及形成跨产业存在的扁平化、柔性化经济组织，能够降低市场交易费用，实现交易成本内部化，进而提升农业竞争力。

综合来看，虽然学者们对于产业融合的定义各有侧重，但本质上来看，他们都基于一个共同认识：产业融合是一种从信息产业逐渐扩散的全新经济现象，产业融合的发展态势已广泛影响到世界产业的走向，并必将重塑全球产业的结构形态。

（三）其他视角

苏毅清（2015）从产业分工视角对农村产业融合的成因进行了研究，认为农业生产的季节性、弱质性、不稳定性等，使得农业不能完全分工进而导致其劳动生产率始终低于其他产业。而农村一二三产业融合创造性地将农业整体地纳入到产业间分工中，通过产业间的分工合作来获取其他产业细分部门的发展成果，突破以往农业内部的分工局限，从而实现农业的进步与农民的增收。

第二节　农村一二三产业融合模式与评价的研究

一　农村一二三产业融合模式

关于农村一二三产业融合模式的研究文献较多，综合起来看，按照不同划分标准，可以把融合类型划分为融合业态、融合方式、融合方向、产业跨度和融合主体等几种，如表3—1所示。

张天佐、徐旭初（2017）认为，可以把农村产业融合模式分为两种模式：一种是以健全和完善农业产业链条为内容的纵向延伸模式；一种

表3—1　　　　　　　　不同标准下农村一二三产业融合的类型

标准	类　型
融合业态	工厂化农业、观光农业、生态农业、数字（信息）农业、综合性农业（何立胜，2005；孙中叶，2005；李世新，2006）
融合方式	产业整合型、产业链延伸型、产业交叉型、技术渗透型、综合型融合（梁伟军，2011；马晓河，2015）
融合方向	以农业为基础向农产品加工业、农村服务业顺向融合；依托农村服务业或农产品加工业向农业逆向融合（姜长云，2015；郑风田，2015）
产业跨度	"1+1""1+2""1+3""1+2+3"等融合发展模式（张丽娜，2015）
融合主体	以农户、专业大户、家庭农场或农民专业合作社为基础的内源性融合；以农产品加工或流通企业为基础的外源性融合（赵海，2015）

是以挖掘农业价值创造潜力为内容的横向拓展；并认为延伸农业产业链条，应重点推动农产品加工业转型升级、跨区域农产品冷链物流体系建设、农村电子商务以及农产品品牌建设，挖掘农业价值创造潜力，扶持农民发展休闲旅游业合作社。王艳春（2015）按产业跨度划分标准，研究认为主要有三种融合模式：第一种是以一产加三产带二产为特征的休闲农业；第二种是以一产加二产加品牌为特征的功能农业；第三种是以一产加二产加三产为特征的智慧农业。孙鸿雁（2016）认为主要有：以农业生产为根本，单一农产品在同一区域内的三产融合模式；以农产品加工为根本，企业沿着产业链前向或后向一体化发展的融合模式；以休闲农业为载体，将一二三产业向内融合的融合模式。卢连明（2017）基于对上海市农村一二三产业融合实践的研究，也得出了类似的融合模式路径。戴春（2016）则从农村一二三产业间、每一产业内部角度出发，将其归纳为交叉融合与重组融合两种模式。师艳玲（2016）、赵海（2007）分别基于对广西与江苏、江西、重庆等地的调研，研究认为农村一二三产业融合模式的发展路径可以分为农户主导型、农民合作社主导型、龙头企业主导型、"互联网+X"型四种模式，并分别指出了每种融

合模式的优缺点。农业部副部长宗锦耀（2017）认为，其模式路径主要有，以农民合作社等新型经营主体为主导的"农户+合作社+加工流通企业"融合模式以及以龙头企业为主导的"公司+基地+合作社+农户"融合模式。王兴国（2016）则将专业大户、家庭农场、农民专业合作社等新型农业经营主体归为一类，并从融合主导力量从事的产业部门出发，将其分为第一产业带动型、龙头企业带动型、工商资本带动型、农业服务企业带动型四类融合模式。赵霞（2016）从产业间融合方式看，具有三种形式的产业融合：其一，渗透融合，即高新技术及其相关产业向其他产业渗透、融合，并形成新的产业；其二，延伸融合，即通过产业间的互补和延伸，实现产业间的融合；其三，重组融合，即原本各自独立的产品或服务在同一标准元件束或集合下通过重组完全融为一体的整合过程，主要发生在具有紧密联系的产业或同一产业内部不同行业之间。聂子龙、李浩（2015）还提出了全新产业取代传统旧产业而进行的融合，可以将其作为产业融合的第四种方式。

二　农村一二三产业融合水平评价

（一）评价方法

有关农村一二三产业融合水平测度的研究文献，早期有关产业融合测量方法的研究，主要采用变权灰色关联分析、综合指标体系法以及投入产出分析方法等。比如，采用变权灰色关联分析了信息化与工业化融合的程度及水平（李琳等，2013）。采用综合指标体系分析法构建了区域两化融合水平评价的指标体系，并采用层次分析法测算了各省两化融合水平指数（张新、马建华等，2012）。采用投入产出表中的直接消耗系数与需求系数，度量了中国 ITC 产业的内部融合水平（Wang Xing、Xuan Ye, et al., 2011）。采用投入产出表分析了生产性服务业与制造业的互动融合水平（陈晓峰，2012）。

近些年，国内关于农村产业融合的研究学者越来越多。比如，姜睿清（2013）基于投入产出表分析了江西农业与相关产业的关联关系，基于时间序列数据分析农业与相关产业融合发展的动态趋势，试以灰色关联分析方法对农业与相关产业的整体融合度进行评价。梁伟军（2010）则是通过构建农业与相关产业融合度测评体系，应用赫芬达尔指数法，对农业与相关产业在技术融合、产品与业务融合、市场融合程度分别测评，然后综合评价整体融合度。谭明交（2016）基于趋同理论模型构建农村一二三产业融合理论模型，运用随机前沿分析方法，提出农村一二三产业融合发展质量水平的测度方法，并采集 2005—2014 年中国 31 个省（市）面板数据探讨中国农村一二三产业融合发展质量水平。李芸、陈俊红、陈慈（2017）依据农业产业融合的关键要素筛选指标，利用层次分析法尝试性构建科学的评价指标体系，并利用该指标体系借助综合指数法对北京市农业产业融合水平进行评估，构建了农业与二、三产业融合发展指数模型：$ACDI = W_1 P_1 + W_2 P_2$（$ACDI$ 代表农业产业融合发展指数，W_1 代表一级评价指标融合行为指标的权重；W_2 代表一级评价指标融合效果指标的权重；P_1 代表融合行为指数；P_2 代表融合效果指数）。张康洁（2017）以熵值法为主，采用系统性耦合协调度模型对山东省农村一二三产业融合发展水平进行了测算。

（二）农村一二三产业融合阶段划分

李芸（2017）利用农业与二、三产业融合发展指数模型计算农业产业融合指数（$ACDI$），根据 $ACDI$ 的分值对农业产业融合发展阶段进行划分，大致可分为农业产业融合起步阶段（$10 \leqslant ACDI < 60$）、成长阶段（$60 \leqslant ACDI < 80$）、基本实现阶段（$80 \leqslant ACDI < 100$）和深度融合发展阶段（$ACDI = 100$）。姜峥（2018）在构建农村一二三产业融合评价指标体系和测算模型的基础上，对农村一二三产业融合的深度广度与农村一二三产业融合效果之间，农业产业链延伸、农业多功能性拓展和农业服务业融合发展、农业产业金融支持之间，经济效益与社会效益之间进行耦合协调度，认为我国农村一二三产业融合仍处于初级阶段，融合水平一

直在较低区间内波动，还有很大的上升空间。

第三节　农村一二三产业融合经济绩效与政策支持的研究

一　农村一二三产业融合经济绩效

（一）宏观经济绩效

产业融合现象的出现必然会对经济社会产生一定的影响。周振华（2003）从中观层面对产业融合的经济绩效进行了研究，他认为产业融合的发生是一种产业的变革，融合会使产业发展基础发生变化，产业之间的关联、产业组织形态变得更加密切复杂，产业布局将在众多因素影响下重新洗牌，因此产业融合重塑了产业形态，并伴随着巨大的增长效应。学者王昕坤（2007）主要从农业的多功能性角度研究了农村产业融合的经济绩效，认为农业多功能性和联合生产、外部经济、公共产品等的特殊性，使农业产业化实体从单一企业拓展到整个产业。陈柳钦（2007）认为，产业融合有六个方面的效应：一是创新性优化效应，产业融合能够促进传统产业创新，进而推进产业结构优化与产业发展；二是竞争性结构效应，产业融合能够促使市场结构在企业竞争合作关系的变动中不断趋于合理化；三是组织性结构效应，产业融合能够促使企业组织之间产权结构的重大调整，引发企业组织内部结构的创新；四是竞争性能力效应，产业融合能够促进产业竞争力的提升；五是消费性能力效应，产业融合有助于新产品或服务的出现，扩大了消费者的选择空间，促进消费提升；六是区域效应，产业融合有助于推动区域经济一体化。

赵新华（2013）从需求供给视角研究了农村产业融合对经济的绩效，他认为产业融合对经济绩效的影响，主要是通过对供给与需求的影响以及各种资源要素的优化配置，形成规模经济与范围经济效应，从而降低成本，最终实现经济效益的提高。产业融合导致产品创新，扩大了产品的供给，通过供给引致与创新需求，使得产业融合提高了市场绩效。马晓河（2015）通过理论分析认为，早期研究已意识到农业产业融合能塑造新型横向结构，拉长产业链条，提高要素质量和配置效率，革新农业经营理念，形成农业发展新动力。

（二）微观经济绩效

关于农村产业融合微观经济绩效的研究，国内较早的研究者马健（2002）从降低企业成本视角做了分析，他认为产业融合具有降低企业成本，提高企业竞争力，从而改善产业整体绩效，传统产业与高新技术产业的融合，促进产业结构转换与升级。周振华（2003）从不同的产业层次对产业融合的效应进行了探讨，在微观方面他认为，产业融合的发生必将导致新产品与新服务的出现，增强竞争性和市场结构的塑造。王德波（2011）研究认为，产业融合的经济效应主要有：降低生产成本和交易成本的成本节约效应；加剧市场竞争、催生新的合作形态的竞合效应；促进产业创新优化产业结构的产业升级效应和经济增长效应。段海波（2014）基于旅游农业发展，从农业与相关产业融合的内生性视角，认为产业融合对经济的影响是通过需求变化、供给推力和效益驱动综合作用的结果。沈剑（2017）主要从市场角度分析了农村一二三产业融合的经济绩效，认为农村产业融合的经济绩效包括对市场行为的影响、对市场绩效的影响、对产业结构的优化效应等。

综合以上学者的研究，基本得出一致的结论，即农村一二三产业融合发展，有利于吸引现代要素，改造传统农业实现农业现代化；有利于拓展农业功能，培育农村新的增长点，对于活跃农村经济、破解农村发展难题和提高农民收入都具有重要作用。

二 农村一二三产业融合的政策支持

自 2015 年以来，我国在政策支持农村一二三产业融合发展方面，出台了系列重要政策文件，总结梳理如表 3—2 所示。

表 3—2　　我国农村一二三产业融合发展有关政策支持文件汇总

发布时间	政策文件名称	文件相关内容
2016 年 1 月	《国务院办公厅关于推进农村一二三产业融合发展的指导意见》（国办发〔2015〕93 号）	推进农村一二三产业融合发展，是拓宽农民增收渠道、构建现代农业产业体系的重要举措，是加快转变农业发展方式、探索中国特色农业现代化道路的必然要求
2016 年 1 月	"中央一号"文件《中共中央国务院关于落实发展新理念加快农业现代化实现全面小康目标的若干意见》	大力推进农民奔小康，必须充分发挥农村的独特优势，深度挖掘农业的多种功能，培育壮大农村新产业新业态，推动产业融合发展成为农民增收的重要支撑，让农村成为可以大有作为的广阔天地
2016 年 11 月	《关于支持返乡下乡人员创业创新促进农村一二三产业融合发展的意见》（国办发〔2016〕84 号）	鼓励和引导返乡下乡人员按照全产业链、全价值链的现代产业组织方式开展创业创新，建立合理稳定的利益联结机制，推进农村一二三产业融合发展，让农民分享二、三产业增值收益
2016 年 11 月	《全国农产品加工业与农村一二三产业融合发展规划（2016—2020 年）》	加快推进农业供给侧结构性改革，充分发挥农产品加工业引领带动作用，大力发展休闲农业和乡村旅游，促进农村一二三产业融合发展，是拓展农民增收渠道、构建现代农业产业体系、生产体系和经营体系的重要举措，是转变农业发展方式、探索中国特色农业现代化道路的必然要求，是实现"四化同步"、推动城乡协调发展的战略选择
2017 年 2 月	"中央一号"文件《中共中央、国务院关于深入推进农业供给侧结构性改革加快培育农业农村发展新动能的若干意见》	壮大新产业新业态，拓展农业产业链、价值链，利用"旅游+""生态+"等模式，推进农业、林业与旅游、教育、文化、康养等产业深度融合。围绕有基础、有特色、有潜力的产业，建设一批农业文化旅游"三位一体"、生产生活生态同步改善、一二三产业深度融合的特色村镇

续表

发布时间	政策文件名称	文件相关内容
2018年1月	"中央一号"文件《中共中央国务院关于实施乡村振兴战略的意见》	构建农村一二三产业融合发展体系，大力开发农业多种功能，延长产业链、提升价值链、完善利益链，通过保底分红、股份合作、利润返还等多种形式，让农民合理分享全产业链增值收益
2019年1月	"中央一号"文件《中共中央、国务院关于坚持农业农村优先发展做好"三农"工作的若干意见》	发展壮大乡村产业，拓宽农民增收渠道。实施农产品加工业提升行动，支持农户和农民合作社建设储藏、保鲜、烘干、清选分级、包装等设施装备，发展农产品初加工，支持主产区依托县域形成农产品加工产业集群，发展农产品精深加工

资料来源：根据国家文件资料、政府网站整理。

近几年，国内学者从政策支持角度对推进农村一二三产业融合发展做了不少研究。促进农民增收，不仅是靠财政补贴，而是要充分挖掘农业内部增收潜力，积极开发农业多种功能，挖掘旅游、服务等新兴产业（马晓河，2016）。推进农村产业融合要将提升农业的生产功能与激活农业的生活、生态功能结合起来；统筹处理推进农业转型与增强农业竞争力的关系，积极营造推进产业融合带动城乡协同的发展格局；在增强农产品供给保障能力的同时，把增加农民收入、增强农业产业链的竞争力和创新能力放在突出地位；引导不同融合主体之间、农业产业链不同利益相关者之间形成引领有效、分工协作、优势互补、链接高效的战略性伙伴关系（姜长云、杜志雄，2017）。

第四节 已有文献述评

国内外学者对农村一二三产业融合的研究已取得了丰硕的成果，上述研究视角从不同方面为进一步分析农村产业融合提供了扎实的研究基础。但从已有的文献研究看，还有很多领域需要进一步挖掘和发现。

从国外学者的研究看，虽然起步较早，但对于产业融合的关注领域多是信息产业与相关产业的融合，对于农业与二三产业融合的研究很少。西方学者对于产业融合的研究视角多是从技术创新角度或是从组织理论角度，缺乏以农业经营主体或农户角度的观察，以产业角度研究农业与其他产业融合发展的不多。国外真正对农村产业融合的研究应该是从日本的"六次产业化"开始，日本的"六次产业化"理论对后来韩国以及我国学者产生了很大的影响。

从 20 世纪 90 年代以来，我国学者逐渐开始关注农村产业发展，特别是结合当时全国兴起的乡镇企业发展高潮，研究农业与工业的融合、农业产业化经营的不断增多。进入 21 世纪，日本、韩国"六次产业化"理论开始影响我国学者的研究，尤其"一乡一品""一村一品"发展理念，以及如何开发农业的多功能性等，这方面的研究较多，且这一时期的研究视角多是从农村产业发展角度和乡村工业化角度，以农民角度和农村发展角度的研究不多。进入 2005 年以后，研究农村产业融合的视角开始逐渐延伸到农民角度和农村产业发展角度。比如，新型农业经营主体发展对农户的带动，农业各类经营主体间的利益联结机制的建立，以及农民返乡创业、提高就业和收入等。从近几年国内学者对农村一二三产业融合问题的研究来看，对于融合模式的研究较多，但对于新出现的农业新业态、新模式缺乏理论解释和系统梳理。也有不少关于融合评价的研究，但多是就计算方法的运用研究，从政府角度去研究得不多，尤其是从政府对地方的考评机制角度更少。

第四章 我国农村一二三产业融合发展现状

当前，我国农业发展处于转型期，特别是农村产业发展出现很多新业态、新模式，农村一二三产业之间不再像过去那样各自独立封闭，越来越呈现出交叉融合的趋势。在此形势下，我国各地在促进农村产业融合发展方面做了很多的实践探索，比如山东省培育发展的农业"新六产"。但从全国整体产业融合情况看，还面临很多问题，存在众多的制约因素。

第一节 我国农村一二三产业融合主要模式

从我国目前各地农村产业融合发展的情况看，各种新的融合模式不断涌现，发展速度非常迅速。主要有以下几种模式：

一 传统的农村产业融合模式

在传统农业生产方式中，农业功能较为单一，农村产业之间的融合也比较初级，大多数是在第一产业之间的互相融合交叉。后来，随着工业化的加快，农村的工业化逐渐出现，农产品深加工业日益壮大。快速的城市化也引起了人们对农业多功能的开发，像人们日益对农业生态环境的需求等，出现了农业与旅游业的融合。综合来看，传统的农村产业融合可以归纳为以下三种模式：

（一）农业内部融合模式

这是最初的融合模式，它是以农牧结合、农林结合、循环发展为导向，调整优化农业种植养殖结构，从而促进农业增效和价值链提升。比如种植与养殖业相结合，这种融合是一些新型农业经营主体，以农业优势资源为依托，将种植业、养殖业的某些环节甚至整个环节连接在一起，形成农业内部紧密协作、循环利用、一体化发展的经营方式。如湖北省大力推广"虾稻共生"模式，不仅促进了小龙虾的快速发展，而且提高了稻米品质，实现了农业效益的大幅提升。

（二）农业产业链延伸模式

这种融合模式主要是针对农业产业链由生产环节向产前、产后延伸，实现全产业链发展，农产品深加工业与农产品物流业是最常见的形式。通过产业链的延伸，提高了农产品的附加值，加快了农产品的流通和销售，最重要的是把更多的价值增值留给普通农户，让从事生产的农户分享更多的增值收益。比如，四川眉山市东坡区发展泡菜加工业，从一个小泡菜园区发展成为"中国泡菜城"，带动了周边农民发展 43 万亩原料基地、21 万户基地农户增收 8.6 亿元，聚集了泡菜加工企业及上下游企业 30 余家，提供务工岗位 2.5 万个，增加农民工资性收入 6.5 亿元，很好地促进了农村一二三产业融合发展。

（三）休闲农业和乡村旅游发展模式

这种模式是在人们对农业生态、文化、旅游等多功能日趋巨大需求的基础上，依托农村青山绿水、田园风光、森林草地、古朴村落、民俗活动、传统节日、特色美食等自然、文化和传统资源，以观光、采摘、体验、餐饮、度假等形式，通过拓展农业的经济功能、社会功能、文化功能和生态功能，带来城乡不同生产要素的融合互动，产生出新的产业形态和消费业态，同时扩大了农民收入，推动农村经济增长。如有些地方过去只是靠种桃树卖桃子发展"桃子经济"，而现在正向吸引游客来看桃花赏桃花的"桃花经济"转变。

二 新出现的农村产业融合模式

为适应人们对农业农村日益增加的多重客观需求，中国很多地区开始积极探索和创新农村一二三产业融合的模式。通过在北京、山东、安徽和浙江等地的调查发现，新的农村产业融合模式大致可以归纳为四种类型：

（一）"农业龙头企业+智慧农场"

在农村产业融合创新实践中，科学技术对产业融合的影响越来越大，科技对农业的改变逐渐深入到产业发展的每一个环节。在种植、养殖生产作业环节，它可以通过构建环境生理监控、作物模型分析和精准调节自动化系统，根据自然生态条件改进农业生产工艺，进行农产品差异化生产，摆脱人力依赖。在农产品流通环节，运用信息技术，消费者可以通过扫描手机二维码，追溯食品从种植、收割到配送的每一个环节，等等。现代科技技术与农业生产、经营和服务体系的深度融合更多地体现在智慧创新要素的运用，智慧农场的出现就是典型代表。例如，北京市房山区琉璃河镇中粮智慧农场，农场内每个产业链条都集中了技术与智慧的结合，像旋转追光种植系统和供回液自动化结构可以自动使每株植物不停旋转，保证每株植物得到均匀的光照，可以自动为每株植物增添营养液，年产量可以达到11万株蔬菜，是其他种植方式的3倍以上，并且能节约人工成本50%以上。这种模式对农业产业的改变一方面是通过技术创新，将农业产业链的各个环节打通，培育有活力和竞争力的新型农业经营主体，促进农业与二、三产业的融合；另一方面是提高土地产出效率，推动农业与工业的结合，智慧农业与科学管理制度相结合，让多种信息技术在农业领域和生产环节得到综合而全面的应用，这是改变中国农业发展轨迹的必然选择。虽然目前中国国内这种"科技+智慧农场"模式引领了一种趋势，并呈现良好发展势头，但整体上还属于现代农业发展的新理念、新模式和新业态，处于概念导入期和产业链逐步形成阶段，在关键技术环节方面和制度机制建设层面面临支撑不足问题，且缺乏统一、明确的顶层规划，资源共享困难和重复建设现象突出，一定程度上滞后于信息化整体发展水平。

（二）"农业+特色小镇"

这种模式的产业融合是近几年中国各地推崇比较多的一种，它是基于农村农业资源比较丰富且具有一定特色的城市周边的小城镇范围内，在政府引导下由农民专业合作社或乡村能人通过大规模土地流转并依托独特的区位条件和资源环境优势，立足小城镇适宜的特色产业，以二、三产业带动第一产业，以工业、服务业促进农业发展，促进一二三产业融合发展。这种"农业主导+特色小镇"契合了产城融合发展与新型城镇化建设相统一，使小城镇农村经济发展走上多产业融合的路子。例如，山东省曲阜市打造的"海棠小镇"，该小镇地理位置距离曲阜市区较近，依托大面积种植海棠果树，把海棠产业作为主导产业，全方位围绕海棠做文章，由赏花到婚纱摄影，由林下经济到海棠罐头、海棠酒等，还把村里废弃的民房打造成周末假日游客休闲的民宿，小镇内所有产业工人全部来自周边农村转移劳动力，由此形成了以农业为基础、旅游为拉动、产业转型为导向的融合发展模式。

特色小镇是联系农村和城市的纽带，产业结构接近于城市，但与农村经济的联系比城市要密切得多，它一方面通过发展新兴产业使传统产业转型升级；另一方面使乡村价值得以提升，为城市居民增加新选择，这也是一种产业需求，是城市居民对健康产业、旅游产业的需求。事实上特色小镇是农村经济发展到一定程度的必然结果，发展最快、质量最高的小城镇基本就是农村经济发展最好的地区，如中国浙江东南、苏南和胶东半岛，以及农业小镇法国格拉斯小镇、保加利亚"玫瑰谷"、产业小镇美国布拉多克以及综合小镇意大利维罗纳等。特色小镇的发展也代表着农村产业融合的一种方向，它最重要的特色是要带动产业和就业的发展，只有为了产业和就业发展形成的特色，才具有可持续性。

（三）"农业+电商平台"

技术进步是产业跨界融合的基础，特别是以互联网为核心的信息技术发展催生了一批新产业、新业态、新模式。以"淘宝村"为代表的农村电商，就是借助互联网技术发展对农村的逐步渗透，通过网络平台嫁接各种服务到农产品的生产加工环节，拓展农村信息服务业务和领域，这种影响带来的经济效应是双向的，它一方面把城市工业产品带到农村；另一方面把农产品、农村有特色的产品带到城市，其实对经济最大的贡献是吸纳就业作用，尤其是对返乡大学生、返乡创业青年的吸纳，为农村产业融合发展带来了人才动力和活力。在农村经济相对落后地区，"淘宝村"日益成为农村产业加速融合的重要平台和组织模式，也是区域经济跨越赶超的重要途径。通过对山东省菏泽市农村电商调研发现，"淘宝村"的兴起具有很明显的涟漪效应，它的出现会快速带动亲朋好友和周边邻居的效仿，在熟人之间快速形成规模，进而形成一定的产业集群。2017年"中央一号"文件提出要发展电子商务，推进农村一二三产业融合发展，并将其作为农业现代化和新型城镇化战略的一项重要举措后，从长期来看，农村电商将成为推动农村地区一二三产业融合发展的重要推动力。

（四）田园综合体

2017年"中央一号"文件首次提出"田园综合体"概念，它是伴随现代农业发展、新型城镇化、休闲旅游而发展起来的"农业+文创+新农村"开发的新模式，是在一定的地理界线和区域范围内，通过聚集现代生产要素，将现代农业生产空间、居民生活空间、游客游憩空间、生态涵养发展空间等功能进行组合，形成一个多功能、高效率的现代农业综合产业园。其实，田园综合体早几年在各地都有出现，山东省莱芜市2015年就在城镇化发展背景下加速城乡资源要素流动，通过吸引工商资本下乡建设田园综合体，促进农村三次产业融合发展。比如莱芜市农乐农技推广服务中心，是莱芜市首批 53 家市级田园综合体中的一家，原来主要从事农作物病虫害药物销售和统防统治，目前依托农产品流通、农业休闲观光餐饮和农业社会化服务，租赁耕地、山场 3000 多亩，发展有机蔬菜、林果种植采摘、农副产品加工、生态观光旅游，既为农药销售建立了示范基地，更扩展了产业范围，既带动关联产业发展又促进了农村三产融合模式的多样化，取得了良好的效果。

从目前国内已经出现的田园综合体来看，大多数综合体内部一二三产业全面发展，并能够很好地融合在一起。特别是第一产业，通过种植业、畜牧业、林业、渔业等产业的有机结合，综合利用各种废弃物，形成循环利用系统，通常一年四季都有可供观赏的景色。由此可以吸引城乡旅游者前来旅游、观赏、体验。第二产业则以方便旅游者消费、携带为目的，经过简单加工，使农产品多样化、多功能化，更具观赏价值。第三产业主要是为旅游者服务的餐饮、住宿、交通、旅游产品销售等产业。在田园综合体内，产业经济结构实现了多元化，由单一产业向一二三产业联动发展，从单一产品到综合休闲度假产品开发升级，从传统住宅到集田园体验度假、养老养生等为一体的休闲综合地产的土地开发模式升级。

从未来看，田园综合体将会融合"生产、生活、生态"功能，集农业全产业链整合、农业科技体系支撑、多种类型农业园区结合、农村一二三产业融合的一种新型现代农业发展模式，是"六次产业"创新理念的一种新体现，是大势所趋。

第二节　农村一二三产业融合的实践

——山东省农业"新六产"发展案例

山东省是我国农业大省，其农业农村发展一直走在全国前列，素有

"全国农业看山东"之说。2018 年全国"两会"上，习近平总书记在山东代表团提出乡村振兴的"五大振兴"，并提出山东省要打造全国乡村振兴的"齐鲁样板"。依照本书第二章定义，"新六产"是指在农村一二三产业融合发展的过程中，出现了很多新的产业和新的业态，比如乡村旅游、农村淘宝等。这些新的产业和业态是产业渗透、交叉和整合的结果，是农村一二三产业融合的结果。近年来，山东省委省政府高度重视农业"新六产"发展工作，特别是在 2016 年、2017 年山东省农村工作会议上，着重强调突出培育农业"新六产"这个总抓手，推动农业供给侧结构性改革取得实质性进展。山东省各地在"种养加""贸工农""产加销"一体化的基础上，积极探索开发农业多种功能，促进农业与信息、旅游、教育、文化、康养等产业深度融合，推动产业链相加、价值链相乘、供应链相通"三链重构"，涌现出许多先进典型。

一　山东省农业"新六产"发展现状

作为全国农业产业化的发源地，山东省农村产业发展一直走在全国前列。农业"新六产"是农业产业化的"升级版"，是农村一二三产业跨界融合的集中体现。借助农业产业化基础优势，积极探索"新六产"发展多元模式，取得了明显成效。

第一，农业产业链条不断延伸。加快推动农业"接二连三"，农产品加工业带动作用显著增强，2017 年山东省规模以上农产品加工企业达到 1.3 万家，完成主营业务收入近 4 万亿元，规模以上农产品加工业产值与农林牧渔总产值之比达到 3.75∶1。农产品市场流通体系更加健全，亿元以上农产品市场 144 家，交易额达到 2795 亿元；网络化、标准化、规模化的冷链物流体系正在形成，低温储存能力居全国首位；农林牧渔服务业增加值为 282 亿元，占农林牧渔增加值比重 5.5%[①]。

[①]　山东省人民政府办公厅：《山东省农业"新六产"发展规划》（鲁政办字〔2018〕186 号）。

第二，新产业新业态蓬勃发展。农业与旅游业、文化创意产业、科技教育、健康养老等有机结合，逐步由单一生产功能向生产、生活、文化等集成性功能转变。全域旅游发展势头良好，2017 年实现乡村旅游消费 2549 亿元，占全省旅游总消费的 27.7%。农产品电子商务蓬勃发展，淘宝村、淘宝镇个数居全国前列，农产品网络零售额达到 179.4 亿元，培育了一批知名农产品电商平台①。鼓励发展互助共享经济，农产品个性化定制、会展农业、开心农场等新型业态发展迅速。

第三，产业承载空间加快拓展。积极探索农村产业融合发展与新型城镇化相结合的发展路径，合理规划城乡产业布局，加快打造农产品加工、商贸物流、休闲旅游等特色小镇，实现产业发展和人口集聚的相互促进、融合发展。把农村产业园区作为培育农业"新六产"的有效载体，着力打造现代农业综合发展平台，促进优势产业集群集聚发展，金乡县、栖霞市、潍坊市寒亭区、泰安市泰山区 4 个现代农业产业园被批准创建国家现代农业产业园。

第四，主体带动能力显著增强。山东省大力培育发展农业新型经营主体，实施新型农业经营主体带动农业产业化战略。不断创新农业产业合作模式，提高了农村产业的发展水平。经过不懈努力，2020 年山东省拥有销售收入 500 万元以上农业企业过万家②。通过创新股份合作，加强农业经营主体与农户的利益联结机制，农民家庭收入中来自农业的收入不断增加。截至 2018 年，山东省共培育出家庭农场 5.6 万家，农民专业合作社 20.3 万家。在新型农业经营主体带动下，普通农户参与农业产业化经营的户数不断增加，2018 年已超过 1900 万户，促进每户增加收入接近 3000 元③。

---

① 刘兵：《2017 年山东旅游大数据公布》，《大众日报》2018 年 4 月 16 日第 11 版。

② 山东省统计局：《2020 年山东省国民经济和社会发展统计年报》，《大众日报》2021 年 3 月 1 日第 5 版。

③ 山东省统计局：《"三农"发展成果丰硕　乡村振兴基础牢固》，《大众日报》2018 年 11 月 2 日第 7 版。

第五，农业质量效益明显提升。山东省作为全国的"菜篮子"，高度重视农产品的质量，实施农产品品牌带动提升质量战略。通过政策扶持奖励，农产品质量品牌建设实现了新突破。比如，推广农产品市场销售"双证制"管理，提高绿色有机农产品的比例。为了提高山东省农产品品牌美誉度，2016年，山东省推出"齐鲁灵秀地、品牌农产品"品牌形象，公布了首批知名农产品名单。这是在全国范围内第一家以省级农产品整体品牌形象发布。经过多年努力，2017年，山东省已拥有"三品一标"①企业3684余家，地理标志农产品7626余个。2017年，山东省农产品出口额连续18年排在全国第一位。山东省农林牧渔业总产值已超过万亿元，排在全国第一位。

二 山东省农业"新六产"融合发展模式

（一）终端型融合模式

1. 终端型融合模式含义

终端型融合主要是立足农产品的开发生产与加工、流通增值，在农产品产加销一体化的基础上，采取"直营直销""中央厨房""农超对接""农校对接""农社对接""众筹预售"等模式，构建农产品从田头到餐桌、从初级产品到终端产品无缝对接的产业体系。以优势特色主导产业为基础，发展农产品初加工、精深加工、商贸物流等后续产业。以农产品加工业为骨干，向前延伸发展规模化、标准化原料基地，向后延伸发展流通、餐饮等服务业。以商贸物流业为引领，发展农产品订单式种养殖基地及配套的产后加工、生产服务。

2. 终端型融合模式典型案例

（1）案例简介：枣庄市正德康城餐饮服务有限公司于2010年正式成立，是国内较早推出以营养健康为主题的综合饮食服务产业平台。企业

---

① "三品一标"是指无公害农产品、绿色食品、有机农产品和农产品地理标志。

总投资 5000 余万元，拥有生产基地 1000 余亩，秉承"为耕者谋利、为工者兴业、为食者造福"的发展宗旨，采用"龙头企业+合作社+基地+品牌+市场"的产业化模式，形成了"优质农产品生产（种养殖基地）—"中央厨房"精细加工（生产加工基地）—全程冷链物流配送—多元化零售商贸"一条龙的完整产业链，为发展农业"新六产"积极探索。先后获得"国家级农产品加工示范基地""山东省放心早餐建设示范工程""山东省一日三餐工程示范企业""山东省大众餐饮连锁企业"等多项荣誉。

建立"中央厨房"原料基地。滕州市正德康城蔬菜专业合作社是依托于正德康城集团旗下的农业合作社，占地 760 余亩，其中生态陆地养殖区 200 余亩、生态种植区 360 余亩、生态水产养殖区 200 余亩，年生产各种绿色蔬菜 1000 余吨，年出栏生猪 2 万头，年供应各种水产品 200 余吨。正德康城生态种植养殖园以绿色健康为主题，严格按照农业部发布的农业行业标准（NY/T）生产，特聘寿光高级农技师常年指导生产过程，采用生态种养殖循环链模式，种植施用有机肥，以生物方式、物理方式抑制病虫害，养殖拒绝激素，从源头抓起，专业为正德康城"中央厨房"提供原材料。原料基地注重与休闲观光农业相结合，建设了草莓、西红柿等采摘基地，吸引了众多市民前来观光采摘。合作社还创新经营方式，将温室大棚分散承包给周边农户经营，农户缴纳租金，按照订单种植，合作社再以高于市场 5% 的价格收购。

建设"中央厨房"加工车间。正德康城"中央厨房"加工车间有四大特色优势：①研发支持：由中国著名营养师、北京同仁堂中医专家、西医预防大夫和本地著名厨师共同参与产品研发，所出产品保证营养、功效、美味三合一。源头食材有安全保障，外购食材进行批批检测。②智能加工：采用智能化选菜、洗菜、切菜、配菜、加工成品或半成品流水线，按照统一的品种规格和质量要求，将大批量种植园采的原辅材料加工成成品或半成品。生产流水线使用玻璃封闭，消费者可通过参观通道，近距离检验"中央厨房"的整体运作过程，增进对正德康城生产产品的信任。③质量检验：对采来的所有辅材料和制成的成品或半成品进行质量检验，做到不符合质量标准的原辅材料不进入生产加工过程，不符合标准的成品或半成品不出"中央厨房"。④统一配送：高标准建设正德物流配送中心，购置冷链物流配送车辆 80 余辆，实现各类蔬菜产品全程冷链配送，确保产品新鲜和食品安全。

建立"中央厨房"餐饮服务平台。建设正德校园超市、正德校园营养餐厅、正德连锁便捷超市、正德连锁营养快餐厅、正德健康网上商城、正德营养师培训学校等新兴产业。各类便民网点发展至 100 余处，每天为 1.6 万多人次社区居民服务；校园餐厅遍布全市大中小学校园，每天为 4 万多人次师生提供营养健康餐饮服务。

（2）案例分析：终端型融合的发展方向主要是按照"农头工尾、粮头食尾"的发展思路，以农业为中心向前、向后延伸，将育种、农药、肥料供应等与农业生产或农产品加工、销售与农产品生产紧密连接起来，组建农业产供销一条龙生产服务，在农产品产加销一体化的基础上，构建农产品从田头到餐桌、从初级产品到终端消费无缝对接的产业体系，打造终端型业态，实现一产与二产、三产叠加，推动农业产加销紧密衔接，提升农业产业化水平，提高农业综合效益。或者以"加工产品+文化服务"为引领，推进一二三产业融合发展，主要由二产带动一产和三产发展，实现农产品加工→特色手工艺品→文化传承（手艺及工匠等）的发展模式，促进加工产业在农产品转型升级中的积极推动作用，如图4—1所示。

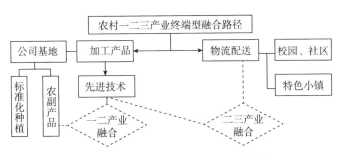

图4—1　农村一二三产业终端型融合路径

从案例可以看出，枣庄市正德康城合作社采用"龙头企业+合作社+基地+'中央厨房'+品牌+市场"的产业化模式，联合家庭农场、农业合作社，带动农户500余户，带动创业100余人。在发展规模化生态种植产业的基础上，延伸建设"中央厨房"、营养快餐厅、惠民早餐、营养配餐、便民便利店等新型产业，形成农产品生产→加工→配送→零售一条龙的完整产业链。通过终端消费有效带动第二产业发展，实现食品加工业和机械制造业转型升级，二三产收益反哺一产，促进现代农业发展，增加农民收入，成为一二三产业融合发展的典型。

（二）体验型融合模式

1. 体验型融合模式含义

体验型融合就是立足农业多种功能的挖掘与拓展，充分发挥农村绿水青山、田园风光、乡土文化等资源优势，通过农业生产、农产品加工与休闲观光（垂钓）、农耕体验、文化传承、健康养老、节庆采摘、科普教育的跨界融合，发展"农（渔）家乐""开心农（渔）场"、田园综合体、乡村旅游等新业态。挖掘地方特色农产品、传统农耕文化，引入创意元素，发展参与式、体验式、娱乐式创意农业。依托优势景观资源和乡村文化底蕴，使农业由单一生产功能向生产生活生态多重功能延伸和拓展，进一步提升农业发展的广度和深度，培育休闲农业、旅游农业、创意农业等体验型农业新业态，提升农业价值创造能力，拓宽农民增收渠道。

2. 体验型融合模式典型案例

（1）案例简介：乐陵市龙悦生态观光园有限公司成立于2011年，注册资金1500万元。公司位于3A级乐陵万亩枣林游览区内，乐陵市云红街道办事处闫家村，是一家新兴的以生态农业观光休闲旅游为主，集餐饮、住宿、健身、采摘、休闲、观光、果蔬花卉种植为一体的综合性现代农业示范园区，是德州市休闲农业的发展典型。现有员工200多人，其中，农民工160多人、高级管理人员20多人、专业技术人员6人。观光园目前占地 630 余亩，分绿色果蔬种植区、住宿餐饮区、拓展训练健身区、休闲观光区、亲子科普区等五大核心区域。观光园年接待游客 20 多万人次，经营年收入 5000 多万元，带动农户 100 多户，户均增收 3 万多元。龙悦生态观光园先后被评为"山东省农业旅游示范点""中国乡村旅游金牌农家乐"和"中国乡村旅游模范户"。主要发展模式为：

第一，丰富大众生活，建立休闲采摘体验农园。为了不断满足城里人对大自然生活的向往和体验农家生活的新奇感受，也为进一步拓宽观光园的经营内容，提高农业生产综合经济效益，龙悦生态观光园投资 2000 万元，建立了绿色果蔬种植区。该园区占地 230 多亩，其中枣树 50亩，桃树 30 亩，樱桃 40 亩，梨 50 亩，杏、无花果、草莓共 60 亩。园内已铺设节水管道 5000 米，滴灌 230 亩，已实现肥水一体化；架设防雨棚100 亩、防鸟棚 80 亩。目前，果树的生产均按照绿色果品生产规程实施，虫害防治采用国强集成物理防控系统，杀虫灯、粘虫板、粘虫胶带及性诱剂配套使用，并取得良好效果，目前杀虫基本不用化学农药，防病仅用高效、低毒（甚至是微毒）、低残留的药剂。肥料也以有机肥为主，仅使用少量的化肥（用于水肥一体化）。果园也不用除草剂，全部是人工和黑地膜除草。同时在各个大棚、种植小区安装摄像头，建设农产品质量安全可追溯系统，确保了果品的绿色、安全、无公害。

同时通过规划种植不同果蔬品种类型，达到全年不同季节都能采摘到新鲜水果的目标。每年元旦前后开始草莓采摘，一直持续到 5 月份，接着开始杏、桃、樱桃、葡萄、无花果的采摘，然后是小枣、冬枣、雪桃的采摘，一直到 11 月底。这样新鲜水果不断档，提高了观光园区对大众的吸引力。另外与乐陵市科协共建了青省科普培训基地、与乐陵市农业局共建了新型农民培训基地。邀请市农业局专家或本园区内专家授课，定期不定期组织对中小学生、新型农民进行科普教育和新型种植技术培训，等等。提高本市青少年科普教育水平和新型职业农民的科技素质。

第二，建设住宿、餐饮、健身、会议等基础设施，提高服务能力。住宿、餐饮、健身、会议等设施占地100多亩。拥有集餐饮、娱乐、观光于一体的大型生态餐厅，可举办婚庆、升学、生日等大型宴会。14间风格各异的豪华雅间，可进行商务会谈、友情会客等活动。建有可容纳1000余人的大型会议室，可举办政府办公、商务交流、教育培训等会议活动。16间园林式农家风味客房，可在品尝各种野味、海鲜、农家菜的同时更多地领略大自然风光。生态园以古典建筑与四合院相结合的中国风味主题，同时融入手绘艺术，展现了古典建筑的文化内涵。另外通过合作共办形式，设立的拓展训练设施，满足各阶层、各年龄段人群的健身养生需求。

第三，建立农产品加工作坊、游乐观光设施，提高观光园人气指数。该区占地400余亩，投资9000余万元，主要建设百亩花海、植物园、水上乐园、小型动物园、儿童游乐场、农产品加工体验销售区等。使人们在休闲娱乐的同时，可体验面粉、香油、豆腐、花生油的制作过程，并品尝到自己亲手制作的健康农产品。

（2）案例分析：通过乐陵市龙悦生态观光园有限公司案例可以看出，体验型融合发展方向主要是挖掘地方特色农产品加工、传统农耕文化，引入创意元素，发展参与式、体验式、娱乐式创意农业。依托优势景观资源和乡村文化底蕴，发展"吃住游购"一体化的乡村旅游。通过构建集生产、生活、生态功能于一体的农业产业体系。以"原产地特色+原材料加工"的消费驱动模式，推进农村一二三产业融合发展，主要由一产带动二产和三产发展，实现特色农产品→加工→服务体验（旅游观光、休闲及度假、互联网应用、物流仓储、销售等）的全产业链发展模式，如图4—2所示。

从体验型融合带来的经济效应看，这种农村一二三产业融合业态对提高农民收入具有很强的带动作用。乐陵市龙悦生态观光园有限公司通过流转农民土地，给予农户每亩1000元的土地租赁费用，同时农户在自

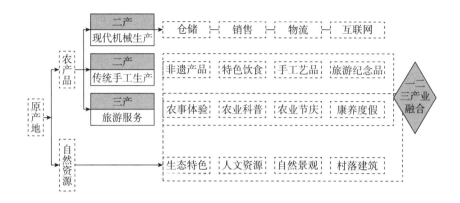

图4—2 农村一二三产业体验型融合路径

愿的基础上也可以以土地入股，园区根据整体收入水平给农户每年每亩不低于2000元的分红；另外有劳动能力的农民可以到园区就业，参加劳动，每月得到不低于1800元的工资收入，对于贫困人口会得到每月不低于2100元的工资收入。通过多种形式园区带动了农民就业增收，让农民更多地分享到除农业生产之外环节的收益，产生很好的生态效益和社会效益。

（三）循环型融合模式

1. 循环型融合模式含义

循环型融合就是以农业优势资源为依托，围绕农业及农产品加工副产物、废弃物的资源化利用，采用新理念、新技术、新模式，构建种植、畜牧、林业、渔业以及农产品加工业之间的生态循环产业链条。通过农业关联产业发展，在农业各产业间建立上下游有机关联、"资源→产品→农业废弃物→再生资源"完整的农业生物产业链，发展生态农业、绿色农业、循环农业，形成功能互补、能量循环、高效生态的生产经营方式，提高资源利用效率和循环利用水平，打造循环型业态，实现经济效益和生态效益相统一。

2. 循环型融合模式典型案例

（1）案例简介：山东省烟台市安德利农业产业有限公司经历了 20 多年的发展历程，已由当初年产量只有 4000 多吨的小型果汁厂成长为总资产 50 多亿元的全球著名食品原料生产企业。该公司主要围绕"苹果"构建了横跨一二三产业的循环经济产业链，以浓缩苹果果汁及饮料、苹果果胶及果胶健康食品主导产业。在推进循环型产业融合模式的主要做法有：

一是加强基地建设，带动果农创收致富。公司作为国家级农业产业化龙头行业，非常注重"农企结合"的模式，按照"公司+基地+农户"的产业运营思路，始终把农产品产业化以及提高果农收入增长作为企业的经营目标和责任。一方面积极推进原料果基地建设，从源头抓起，保证供应链的稳定和安全。安德利果汁公司牟平子公司的苹果种植基地位于烟台市牟平区姜格庄镇和龙口市诸由观镇，总种植面积约为 500 亩。在基地的建设过程中，公司聘请农业科技人员定期为果农开展苹果种植及病虫害防治等技术培训，提高了果农的种植技术。在生产基地土质、水质检测，化肥施用，病虫害防治，苹果采摘等环节，公司都配有专门人员进行全过程管理监督，确保了苹果的营养和品质。目前，该公司的苹果种植基地已顺利通过了第三方检测机构 Societe Generale de Surveillance S. A.① 的审核，成为国际公认的标准种植基地。为降低果农种植苹果的市场风险，公司主动担当作为，帮扶果农减少风险损失。众所周知，果农会经常面临"卖果难"问题，以 2015 年为例，烟台地区冷风库储存的商品苹果，春节过后 60—65 毫米的苹果每公斤出库价仅 1 元钱，但还是找不到销路。为帮助农户减少价格损失，安德利果汁牟平工厂以每吨高于其他苹果 50 元的价格收购部分冷库商品果，总量达 2 万多吨，一定程

---

① Societe Generale de Surveillance 是世界公认的质量检测机构，主要对农产品开展鉴定、检验等，在全球知名度很高。

度上减少了果农的损失。再比如，2016年9月，牟平区莒格庄镇、水道镇等区域遭遇到少见的冰雹灾害，种植的苹果几乎全部受损，果农将面临巨大的经济损失。为最大限度地降低果农的损失，该公司开通绿色通道收购"冰雹果"，且价格比其他苹果每吨高50元，还是当天付货款，历经10天时间收购完这批"冰雹果"，总量多达3000余吨。该公司用实实在在的行动为果农挽回损失，体现了企业对社会责任的担当，靠的是该公司循环产业的发展模式。目前，该公司对原料苹果的收购区域遍布全国各地，在十多个省份布局了苹果种植区。在带动当地林果业和运输业发展的同时，还解决了约150多万果农的"卖果难"问题，每年可为果农创收5亿多元。20多年来，该公司已完成利税10亿多元，产品出口创汇16亿美元，带动农民就业2万多人次。

二是依托苹果，主攻浓缩果汁、果胶及其衍生产品。首先，大力发展果汁产业。目前，该公司已在全国7个省份建立了自己的果汁深加工基地，继续扩大产业规模。公司高度重视先进机器设备的购置使用，果汁生产线设备世界领先，保证了高质量产品的供给。近年来，产品出口量不断扩大，果汁出口国遍布世界各地，包括很多经济发达国家和地区，并与全球多家知名食品饮料公司开展了业务合作关系。其次，延伸苹果产业链，发展果胶产业。面对日益加剧的市场竞争，公司坚持"发展要领先，转型需争先"的发展理念，依托科技和资源优势，延伸产业链条，走循环型融合发展模式。围绕对苹果原料的"吃干榨净"，果断引入深加工技术，研发果胶加工项目。实现果汁产业废弃的皮渣"变废为宝"，提高了资源利用率，满足了国内需求。旗下的果胶生产公司产品出口到世界各地，成为知名的世界第五大果胶制造商，也是亚太地区唯一的国际果胶制造商联合会，（英文简称为IPPA）成员单位。最后，继续开发果胶价值。公司与南京军区南京总医院普外科研究所开展合作，共同研发果胶的其他功能，并在医学领域的临床应用上的取得突破。比如，果胶在润肠助消化、清理人体重金属与胆固醇等方面被证明了有效果，并得到医学界的认可，实现了从食品向药品的华丽转身，产品附加值也翻了好几倍。

（2）案例分析：通过上述案例可以看出，循环型融合主要是把农村一二三产业的整个产业链串联了起来，以农产品加工业产生的"边角料"再利用，采用农产品再加工技术，对加工副产物进行梯次利用、"吃干榨净"，生产各类精深加工产品，提高农产品加工增值效益。在农业龙头企业引领下，做强农业、做大加工业、做活农村服务业，实现农业"接二连三"、三次产业联动发展，打造集生产加工、科技研发、物流储藏、商务会展、信息咨询、金融服务、生态旅游、养生休闲等终端型、体验型、智慧型于一体的多业态复合型农业。推广应用环保技术，加大废弃物处理力度，实现加工企业的清洁化生产，发展绿色循环经济，如图4—3所示。

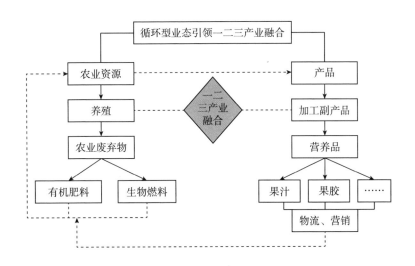

图4—3　农村一二三产业循环型融合路径

从山东省烟台市安德利农业产业有限公司推动农村一二三产业融合发展来看，循环型一二三产业融合产生了很好的经济效应。该公司解决了 150 多万户果农"卖果难"的问题，并带动当地林果业、运输业、饲料业的发展，每年可为果农创收 5 亿多元，提供就业岗位 3000 多个，为发展农业和农村经济、增加农民收入做出了巨大贡献。

（四）智慧型融合模式

1. 智慧型融合模式含义

智慧型融合就是立足科技进步和模式创新，对农业生产、加工、流通进行全面改造和整体提升，发展智慧大棚、创意农业、智慧工厂、智能物流、农村电商等新产业新业态。利用互联网、物联网、云计算等现代信息技术，对农业生产、加工、营销全过程进行智能化控制，发展精准农业、智慧农业、智能制造。利用"大数据"和"互联网+"等信息技术，加快农产品电商发展，促进农产品出村上行。借助创意产业的发展理念，将现代科技和人文要素融入农业生产、加工及流通领域，发展定制式创意农业。

2. 循环型融合模式典型案例

（1）案例简介：临沂荣华文创藤饰股份有限公司，原名为临沭县荣华工艺品有限公司，成立于 2001 年 9 月，是集柳条种植、设计研发及草、柳、竹、木、藤、铁工艺品生产、加工销售及出口为一体的大型现代化企业，位于享有中国"柳编之都"的山东省临沭县曹庄镇，占地 54 余亩，现拥有总资产 2323 万元，职工 280 多人。2016 年 12 月在齐鲁股交中心挂牌上市，股票代码 301508。公司自成立以来，始终把坚持质量第一、信誉第一、客户满意第一视为企业的命脉和生命力。业务每年以 20% 的速度增长，2016 年销售额实现 8889 万元，实现出口创汇 700 多万美元，实现利税 560 多万元，交税 329 万元。产品远销美国、加拿大、英国、法国、德国、意大利、比利时等全球 100 多个国家和地区。公司的产品出口量、利润在全市柳制品行业连年排名前列，占有举足轻重的作用。公司按照"种植环节采用新品种、新原料，加工环节采用新技术、新创意，销售环节采用国外建品牌、国内建专卖店、上网络"形成完整的

"新六产"体系。

公司利用"柳编产品+花卉"的商业模式，采用线上线下相结合的合作模式，线上服务线下，同时公司还自建了线上的网络销售平台。线上的业务，经过4年多的发展，有了很大的进步，销售业绩逐步提高，2017年实现销售额3000万元。公司拥有"欧拉""欧拉拉""欧朵拉"三个品牌商标，低碳环保是产品的优势，目前在临沂拥有30家实体店：孟园花卉市场、鲁南花卉市场、银座超市、大润发超市、九州超市等，3个电子商铺（淘宝、天猫、阿里巴巴）；未来5年实体店将增加到1000家，形成覆盖全国的一家集线上线下为一体的新型公司。为了进一步提高企业的国际竞争力，提高企业的自身水平，进一步服务于广大农民。公司与法国、意大利专业设计师，广州美院，鲁迅美院，临沂大学合作，聘用专业产品设计师根据国内外流行趋势设计新型产品，并朝着艺术化、高档化、环保化、多功能化、原料多元化的方向发展。研发的"毛刺"等类新产品多次获得国家专利，采用废弃的葡萄枝、柳条根、杨树枝、杨树皮、桃树枝、玉米皮等经过创意加工，价值翻几倍甚至几十倍，实现了"废弃农作物—创意加工—电商销售/出口销售"的新模式。

（2）案例分析：通过上述案例可以看出，农村一二三产业智慧型融合主要是依托新鲜创意和现代信息科技对农村一二三产业各生产环节进行创新发展，充分应用自动控制、移动互联、无线传感、物联网、云计算、大数据等新技术，推动农业生产、加工、流通等领域技术创新，通过优化农业组织形式和生产方式促进信息化与农业融合，打破农业与二三产业的边界和障碍，衍生带动涉农电子商务、农业互联网金融、智慧农业等新产业新业态发展，或者借助创意产业的发展理念，将现代人文要素融入农业生产、加工及流通领域，发展定制式创意农业，打造智慧型业态，实现农业生产智能化、经营电商化、管理高效化、服务便捷化，加快构建智慧型现代农业生产经营体系，如图4—4所示。

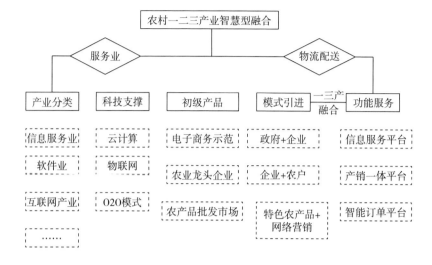

图4—4 农村一二三产业智慧型融合路径

从临沂荣华文创藤饰股份有限公司的产业融合发展来看，该公司充分借助当地资源优势和特色农产品，通过产品创意研发、产品创作展示，给传统农产品插上智慧的翅膀，提高了农产品的附加值，增加了农民收入。比如，公司充分利用当地资源优势，于2017年发展柳条编织行业，改善了生态环境，增加了农民收入，引导农民脱贫致富。公司与临沭县的青云、白旄，郯城的沙墩及莒南的板泉和河东的汤河等地的白柳种植大户建立了长年的种植收购关系，带动了周边4个区县12个乡镇3万余户农户从事白柳种植加工行业，为实施农业产业化结构，实现农业种植结构的调整，增加农民收入做出了一定的贡献，公司与乡村组织签订收购合同，以高于市场价格0.3—0.5元/斤的保护价收购合同基地中的农产品，从而保证公司产品需用的原材料，最大限度地增加了农民的收入。并和周边4万余编织户建立了白柳编织品购销业务，分别在曹庄、青云、白旄、郯山、板泉、汤河、沙墩等乡镇设立业务网点和编织技术指导服务站，并由人员负责上述地方的白柳编织业务，即由公司将农户种植的白柳收购上来，再将柳条分发到编织农户，然后由公司出具编织样品，介绍编织工艺，核定产品价格后，由编织人员进行加工。根据调查了解，每个编织人员每年可通过编织产品增加收入在 3 万元左右。

第三节　我国农村一二三产业融合发展 存在的问题

近年来，我国农村一二三产业融合蓬勃发展、势头良好。但还应该看到，不少地区农村一二三产业融合才刚刚起步，面临的问题和瓶颈制约因素还很多。为了更客观真实地了解当前农业经营主体在推进农村一二三产业融合过程中遇到的困难问题，本书设计了《农村一二三产业融合发展问题》调查问卷（如附录 4），并深入山东省 4 个地市，8 个县（市、区）进行了发放、回收。在参考文献资料并结合此次问卷调查结果，总结出如下问题。

一　农村一二三产业融合的深度不够

目前，我国农村一二三产业融合发展在总体上尚处于初级阶段，农村各产业之间融合水平低、融合度不高。

（一）农业产业链条短

农户大多只从事农产品生产，或是进行简单的初加工，较高层次的加工很少，精加工基本为零，始终处于"种来种去、养来养去"的尴尬境地，农户在农业全产业链、全价值链、全供应链中处于劣势地位。经营方式仍大多处于生产导向型，消费导向型不足，产业之间互联互通性不强。大量的农产品在生产的同时没有考虑后续的加工转化、流通销售，没有考虑农业的功能拓展。这就导致了农业附加值不高，由于农业没有分享到农产品加工、运输、销售等环节的增值收益，农业的生态、社会、文化、教育、体验等功能挖掘不足，农业附加值不高、市场竞争力不强等问题日益突出。农产品加工业转型升级滞后，虽然加工业发展取得很大成就，但与发达国家相比，仍存在农产品加工产业规模与农业生产规模不协调、不匹配，技术装备水平不高，精深加工和综合利用不足等问题，农产品加工业与农业产值之比为2.2∶1，明显低于发达国家水平的（3.0—4.0）∶1，95%的农产品加工技术装备处于20世纪八九十年代的世界水平。从调查问卷结果看，对您认为我国当前农村一二三产业融合发展如何的问题的回答，选择一般和较差等次的分别为40.9%和11.5%，选择好和较好等次的比例为8.4%和39.2%。进一步分析发现，选择好和较好等次的调查对象多为农业部门工作人员，包括普通农户在内的其他人员则多数选了一般和较差等次。

（二）农业与二三产业融合程度不紧密

产业之间存在阻滞，互联互通不强，农户只从事生产，不从事加工、物流、销售，农业没有"接二连三""隔二连三"，没有与加工业紧密结合、没有与休闲旅游有效衔接，农产品产加销、贸工农出现脱节。另外，还存在合作方式相对单一，利益联结比较松散。大部分地区目前的利益联结机制仍采取订单农业的形式为主，订单农业存在违约率高的风险，而且利益联结方式紧密型的股份制和股份合作制相对比例很低。从调查问卷的结果看，对您家的收入来源主要有哪些问题，73.6%的普通农户选择了打工收入，15.8%的普通农户选择了务农，可以看出，现阶段普通农户来自农村产业的收入占比还很低。

（三）对农业的多功能挖掘不够

高品位、多样性、特色化的功能开发不足。休闲农业、旅游农业以观光为主，文化传承、人物历史、风土乡俗等触及不多，经营主体间难以形成标准化、品牌化的"集体行动"。此外，少数地方的农村一二三产业融合项目同质性强，发展模式雷同，缺乏差异化竞争和深度开发，继而激烈地抢资源、争市场，导致资源过度开发、市场无序竞争、环境严重破坏。从调查问卷的结果看，对您销售农产品的渠道是什么问题，选择自己销售、合作社统一销售、企业收购或订购和商贩上门收购的比例分别为39.6%、14.2%、19.3%和26.9%，这反映了农民的组织化程度偏低，产业融合程度不高。

二　产业融合发展面临众多要素瓶颈制约

目前，在推进我国农村一二三产业融合发展过程中，土地、资金、人才等要素存在供给不足现象，成为许多地方推进农村一二三产业融合面临的重要制约因素。

（一）土地制约

如按国土资源部规定，以农业为依托的休闲观光度假场所，各类庄园、酒庄、农家乐，以及各类农业园区中涉及餐饮、住宿、会议、人型停车场、工厂化农产品加工、展销等永久用地，必须严格按建设用地进行管理，导致许多农村一二三产业融合发展项目难以正常实施。一些电商的经营场地、仓储用地和大规模培训场地用地也难以得到满足。从问卷调查结果看，在对您认为当前最制约农村一二三产业融合发展的瓶颈问题的选择上，按照排序，排在第一位的是土地制约，占41.8%；排在第二位的是资金问题，占32.1%；排在第三位的是缺少人才，占20.6%。因此，土地问题成为推进农村一二三产业融合发展的最大障碍。

（二）资金制约

虽然国家出台了一系列鼓励金融机构对"三农"贷款的优惠政策，但与现实的需要相比，还远远不够，很多政策还得不到很好的落实。主要表现在：传统农村金融问题依然大量存在，比如农村缺少抵押物、征信体制没建立等；国家扶持的政策资金对于众多新型农业经营主体来说是杯水车薪，从中央文件精神到金融机构真正落实到农业经营主体融资担保抵押贷款时间太漫长、条件太苛刻，众多经营主体得不到。再加上，农村一二三产业融合对参与进来的普通农户可以看成是一种投资，普通农户未来生活的保障顾虑不得不使他只看眼前利益，长期性资金需求难以满足。农民内部的资金互助组织乱象丛生，很不规范，也难以成规模地聚集大量资金。从问卷调查结果看，在对您认为当前最制约农村一二三产业融合发展的瓶颈问题的选择上，资金问题排在第二位，占32.1%，也验证了这一点。

（三）人才制约

农村一二三产业融合多是有新产业、新业态、新模式来引领推动，年轻人是推动这一发展的主要人群，但对于面对日益老龄化的农村地区，是最现实的瓶颈制约。从农村第一、第二产业之间的融合需求看，需要懂技术设备管理使用的人才；从一三产业、二三产业之间的融合需求看，需要懂现代服务业的知识型人才；从组织农村资源的需求看，需要有群众威望高、会做群众工作的人才。这些都构成了农村一二三产业融合发展最现实的瓶颈。从问卷调查结果看，在对您认为当前最制约农村一二三产业融合发展的瓶颈问题的选择上，缺少人才排在第三位，占20.6%，也能充分说明问题的所在。

三　新型农业经营主体带动产业融合的能力较弱

农村一二三产业融合发展涉及面广，系统性、复杂性强，跨界融合特征明显，新技术、新业态、新组织形式、新商业模式贯穿其中，普通农户由于规模小，难以在农村产业融合发展中发挥大的作用，只有新型农业经营主体才能发挥主力军的作用。当前，我国新型农业经营主体发育缓慢，对农村一二三产业融合发展的带动能力不强。

（一）新型经营主体实力不强、主体规模较小

尽管家庭农场、农民专业合作社、龙头企业不断涌现，实力不断增强，但规模仍不够大。很多还不具备自我发展能力，抵御风险能力弱，与加快农村产业融合发展的要求相比仍有一定差距。从调查问卷结果看，对您的经营主体在农村一二三产业融合中的合作对象问题的回答，只有

7.6%的普通农户选择家庭农场，8.1%的选择农业龙头企业，12.2%的选择农民合作社，可以看出，新型农业经营主体对普通农户的带动比例还不是很大。

（二）新型经营主体产业经营结构单一

部分新型农业经营主体产业发展和服务模式大都相似，在产业错位发展、功能深度开发方面还不足。一些在管理上粗放，经营能力不强，参与融合能力差。特别是专业从事种植业的家庭农场，受种植品种的单一性和生产的季节性影响，很难带动普通农户参与进来。从调查问卷结果看，对您在农村一二三产业融合发展中得到的利益这个问题的回答多数普通农户没有填写，也说明了普通农户的参与感不足，新型经营主体的带动能力不强。

四 农村产业发展需要的公共服务比较薄弱

（一）缺少科学的产业发展规划和扶持政策

农村一二三产业融合的发展离不开政府层面提供的产业发展规划、政策支持和公共基础设施等服务。从目前农村产业发展的外部环境看，很多地区还没有制定相应的农村一二三产业发展规划，没有把农村一二三产业融合发展放在城乡融合发展的背景下去规划布局基础设施，大多只是引导产业进园区，这样会导致一些产业项目因缺乏长期规划而发展受限。从政策层面看，农村一二三产业融合催生新业态出现，现有政策体系难以满足发展新需求。比如补贴体系，目前的补贴政策多以产量定补贴，重生产轻销售、重产量轻质量。然而，农村一二三产业融合将导致农业产业链条的重塑。从问卷调查的结果看，对您是否获得过产业发展相关政策资助问题的回答，86.5%的被调查者选择否，选择是的也多是选择技术培训指导和新型经营主体人才培训。在对您对我国农村一二三产业融合相关政策的了解程度的问题回答上，有20.2%的被调查者选择了比较了解，33.1%的被调查者选择了一知半解，25.9%的被调查者选择了完全不懂。看来当前的扶持政策在宣传和落实上还有很多的不足之处。此外，随着经营规模的扩张，对资金周转、抵押担保会有较高需求，补贴的不平衡不利于产业链条的延伸与服务行业的兴起，必将导致农村区域内二三产业的发展滞后，难以带动提升第一产业发展。

（二）公共基础设施薄弱

我国长期的城乡二元体制造成农村公共服务匮乏，农村基础设施薄弱、服务体系不健全、交通落后，阻碍产业渗透与关联，不能为农村二三产业融合发展提供配套服务。例如，延长产业链，农产品的储藏、加工、运输对于仓储、交通、物流等都有大规模需求；促进一产与三产融合，需要利用电商平台采用线上营销的形式进行管理、推介，拓宽销售渠道、降低交易成本，但是农村区域网络通信设施不到位、电商人才匮乏，不能利用信息科技技术发展新型农业，提供综合性服务。

（三）公共和社会化服务滞后

基层技术推广体系建设满足不了农村产业融合发展的需要，技术创新和服务不足限制了一些项目的生成。一些农业龙头企业有实力出资与高校、科研机构合作，但毕竟是少数，对大多数农村经营主体来说技术约束往往是最大障碍。产品认证、资质认证等服务的发展也较为滞后，无法满足当地龙头企业、农民合作社等业务拓展的需要。从管理体制看，绝大多数省份的国土、环保、消防等部门从自身责任出发，一是过分强调本部门的管理规范，忽视了产业融合发展的实际需要，存在政出多门、上下不协调、合作不足等突出问题，出现了农村一二三产业融合发展用地难、环评难、获证难等现象。二是办事效率低。休闲农业、乡村旅游、电子商务等新兴业态，涉及财政、土地、农业、科技、旅游、商务、质检、工商等十几个管理部门，新型经营主体需要花费大量精力协调，办事效率大大降低。

五　农业各经营主体间的利益联结机制不紧密

由于普通小农户缺乏足够的市场竞争力，无法单独与市场达成公平的利益联结机制。在市场交易中往往无法争取到市场均衡价格，常常被压低价格，在初次分配中获得的收入减少，在整个农产品供应链中处于弱势地位，而且还得承担自然风险。农村一二三产业融合发展的核心就是打破这种不利的市场均衡局面，使得普通农户能够在每个价值增值过程中得到相应的价值分配。但从目前农村产业发展情况看，从事生产的不从事加工、物流、销售，从事加工的不从事生产，从事物流、销售的不从事生产、加工，各融合主体之间尚未形成利益共同体、命运共同体，大宗农产品的产业链、价值链实现不充分，大多数处于耕种收阶段，产加销、贸工农出现脱节，农产品普遍存在"卖不掉、储不下、运不走、利不高"的问题，走不出"种来种去、养来养去、多了多了、少了少了"的怪圈。虽然目前出现了很多类似"农业龙头企业+合作社+农户"等不同形态的微观生产组织，但公司的低成本垄断模式，往往是牺牲农户利益以获取超额利润，农户在与企业谈判中同样处于劣势地位。经营主体之间的利益联结机制不紧密也带来了机会主义行为，或者较高的毁约率。

第五章　农村一二三产业融合评价与实证研究

　　农村一二三产业融合是当前很多地方政府正在推动的一项重要工作，各地都出台了很多产业扶持政策和投入了大量财政资金，但到底政策效果如何，该如何对一个地区的农村一二三产业融合水平做出评价，应该是一项很有意义的工作。通过前文的文献综述可知，目前对农村一二三产业融合度的评价研究多以定性描述为主，仅有个别研究只是提出一些评价指标。另外，我国暂无标准的农村一二三产业融合度评价指标体系及方法。因此，本章将通过设计评价指标来对农村一二三产业融合度进行测量，得出区域农村一二三产业融合发展评价值，同时也为第六章农村一二三产业融合的微观经济效应的实证研究提供数据准备。

第一节　评价指标的选取与确定

一　选取评价指标的基本设想

　　农村一二三产业融合评价涉及农业以及涉农产业生产经营的方方面面，其产业融合评价体系十分复杂。并且由于农村一二三产业融合的正式提出时间还不算长，属于一个全新的概念，对它的测度和评价至今都没有一个统一的标准，因此需要重新构建一个涉及面比较广、评价标准比较科学的体系，从而一方面用以反映农村一二三产业融合系统内部各因素的运作情况；另一方面可以用来对农村一二三产业融合的发展水平进行合理评估。于是，形成以下几点设想：

一是借鉴其他领域内产业融合度评价指标体系构建的方法和思路，依据农村一二三产业融合的内容，确定农村一二三产业融合度评价指标体系的研究框架；二是深入农村调研、征求行业内外专家意见，立足目前农村一二三产业融合的问题和关键要素；三是从农村一二三产业融合发展历程出发，使指标体系充分体现其融合的发展阶段、准确反映融合的内涵和区域差异性；四是以理论框架为基础，通过德尔菲法，选择具有科学性、代表性和可操作性的指标。

二　评价指标的选取原则

在借鉴其他学者研究的基础上，尝试构建农村一二三产业融合发展评价指标体系，为产业融合发展效果测度提供一个纵向可测、横向可比的参考依据。评价指标要体现以下原则：

一是科学性原则。选取的评价指标要能准确地反映农村一二三产业融合的内容，不能偏离评价主题，即使不能做到非常准确，也要保证高度相关。还要从实际发展中选取更有针对性的情况，不能仅靠想象和理论逻辑推理来确定。力求所选指标既能反映农村一二三产业融合的内涵和本质，又能客观地反映实际的融合的深度和广度，准确地反映农村一二三产业之间的融合发展情况。

二是优先使用相对指标和强度指标的原则。因为对不同地区农村一二三产业融合度的评价，绝对指标不具备可比性，因此应优先选用相对指标和强度指标。

三是易获得、可量化的原则。所选取的评价指标应该能够方便获得，有渠道可查，同时还要能够量化，从而才能够做到横向可比、纵向可测。

三 评价指标的选取与确定

（一）评价指标的选取

根据第二章关于农村一二三产业融合的定义，对农村一二三产业融合测评指标的选取，应包含以下三个层面的内容：一是农村一产与二产的融合指标；二是农村一产与三产的融合指标；三是农村二产与三产的融合指标。因此，本书按照这三个层面的要求，设计了农村一二二产业融合度（目标层），农村一二三产业融合的横向宽度、纵向深度（准则层），农业与工业融合度、农业与服务业融合度、生产要素支持度和公共服务支持度（要素层），以及包括农产品加工业投资额与农业投资额之比、农产品加工业总产值占农林牧渔总产值比重、农业产业化经营组织带动农户程度、农产品加工转换率、农林牧渔服务业增加值占农林牧渔业增加值比重、农产品电商交易额与农业总产值之比、乡村旅游接待人次与农业人口之比、乡村旅游收入与农业总产值之比、农村网店户数与农业人口之比、土地流转率、农民人均用电量、农村金融机构贷款余额增长速度、农业保险深度、省级农民专业合作社示范社数量与农业人口之比、农村居民宽带普及率、每平方公里农村公路密度和农业支出占财政支出比重17个指标（指标层）。

这些评价指标的选取是在查阅前人研究资料的基础上，并结合数据查阅的可得性以及测评目标的需要设计的。经过长期反复思考后初步选定，再经过预答辩评阅老师的意见进行了修改后最终确定的。为了保证所选取指标的科学性，本书采取了专家问卷调查法，接受调查的专家对象主要包括三方面：学术界（主要由高校科研院所农业经济研究人员组成）、产业界（主要由农业企业、家庭农场管理人员组成）、政府机构（主要由农业农村局等政策制定与设计的管理人员组成）。这主要是基于学术界中的高校科研院所各位专家学者对农村产业融合问题把握得较为全面到位，产业界的农业企业、家庭农场管理人员的评价较为客观，而政府机构的农业农村局等政策制定与设计的管理人员的判断则多从各自行业管理的角度出发。

（二）评价指标的确定

1. 专家问卷调查情况

专家问卷调查表分为两部分，第一部分将指标的重要程度分为"非常重要""较为重要""一般重要""较不重要""非常不重要"五个等级，并赋予5、4、3、2、1分值，请专家根据指标的重要程度打分。第二部分设置三个开放性的问题（指出需要修改、需要删除、需要加入的指标）。

专家问卷调查分两次进行，第一次发放问卷（见附录1）征求专家对初步选取指标的意见，根据专家建议对评价指标进行删减、修改，同时专家对各评价指标的重要程度进行打分。

通过第一轮专家访谈和问卷调查，总结出需要修改、删除、增加的指标主要有：

（1）需要修改的指标有：把国家级农民专业合作社示范社数量改为省级农民专业合作社示范社数量。

（2）需要删除的指标有：农民人均可支配收入、农民人均消费水平、农村新型经营主体数量、农民非农收入占比、农业劳动生产率、土地综合产出率、万元农业 GDP 耗水、农民家庭收入结构比例、城镇化率、城乡居民收入比、城乡人均固定资产投资比、农村医院数量、农民平均受教育年限。

2. 评价指标的最终确定

根据筛选结果设计问卷调查表，设计专家问卷调查表（见附录表2），进行第二次专家问卷调查并对结果进行统计、处理。根据专家建议，删除、修改第一轮设置指标，最终形成本书的17个评价指标，如表5—1所示。对各个指标的权重排序，采用李克特量表5级标度赋值法，即在统计分析中，设某一指标在专家投票中获得"非常重要"至"非常不重要"

的百分比为 P_1，P_2，P_3，P_4，P_5，则 $\sum_{n=1}^{5} P_n = 1$。

根据李克特量表的 5 级标度赋值，该指标的最后得分为：

$$P = P_1 \times 5 + P_2 \times 4 + P_3 \times 3 + P_4 \times 2 + P_5 \times 1 \tag{5-1}$$

最终得到各指标及其得分如表 5—1 所示。

表 5—1　　农村一二三产业融合水平测度及专家问卷调查统计结果

准则层	要素层	指标层	P_1	P_2	P_3	P_4	P_5	P
融合的横向宽度 N1	农业与工业融合度 F1	农产品加工业投资额与农业投资额之比（%）T1	0.40	0.30	0.25	0.05	0.00	4.05
		农产品加工业总产值占农林牧渔总产值比重（%）T2	0.70	0.30	0.00	0.00	0.00	4.70
		农业产业化经营组织带动农户数占农户总数比重（%）T3	0.45	0.25	0.20	0.05	0.05	4.00
		农产品加工转换率（%）T4	0.60	0.30	0.10	0.00	0.00	4.50
	农业与服务业融合度 F2	农林牧渔服务业增加值占农林牧渔业增加值比重（%）T5	0.65	0.30	0.05	0.00	0.00	4.60
		农产品电商交易额与农业总产值之比（%）T6	0.45	0.35	0.15	0.00	0.00	4.20
		乡村旅游接待人次与农业人口之比（%）T7	0.50	0.35	0.10	0.05	0.00	4.30
		乡村旅游收入与农业总产值之比（%）T8	0.40	0.30	0.25	0.05	0.00	4.05
		农村网店户数与农业人口之比（%）T9	0.25	0.45	0.20	0.00	0.10	3.75
融合的纵向深度 N2	生产要素支持度 F3	土地流转率（%）T10	0.55	0.30	0.15	0.00	0.00	4.40
		农民人均用电量（度）T11	0.60	0.30	0.05	0.05	0.00	4.45
		农村金融机构贷款余额增长速度（%）T12	0.45	0.30	0.20	0.05	0.00	4.15
		农业保险深度（%）T13	0.40	0.40	0.15	0.05	0.00	4.15
		省级农民专业合作社示范社数量与农业人口之比（%）T14	0.45	0.45	0.10	0.00	0.00	4.35

续表

准则层	要素层	指标层	P_1	P_2	P_3	P_4	P_5	P
融合的纵向深度 N2	公共服务支持度 F4	农村居民宽带普及率（%）T15	0.35	0.35	0.30	0.00	0.00	4.05
		每平方公里农村公路密度（公里）T16	0.30	0.35	0.25	0.10	0.00	3.85
		农业支出占财政支出比重（%）T17	0.55	0.40	0.05	0.00	0.00	4.50

四　评价指标含义解释

（一）准则层和要素层指标（二级和三级指标）

1. 融合的横向宽度

融合的横向宽度是指农村一二三产业在横向上产业链拓展的宽度，也即产业融合覆盖面的广度，主要包括农业与工业融合度和农业与服务业融合度。农业与工业融合度包括农产品加工业投资额与农业投资额之比、农产品加工业总产值占农林牧渔总产值比重、农业产业化经营组织带动农户数占农户总数比重和农产品加工转换率；农业与服务业融合度包括农林牧渔服务业增加值占农林牧渔业增加值比重、农产品电商交易额与农业总产值之比、乡村旅游接待人次与农业人口之比、乡村旅游收入与农业总产值之比和农村网店户数与农业人口之比。

2. 融合的纵向深度

融合的纵向深度是指农村一二三产业在发展上的生产要素支持度和公共服务支持度。生产要素支持度包括土地流转率、农民人均用电量、农村金融机构贷款余额增长速度、农业保险深度和省级农民专业合作社示范社数量与农业人口之比；公共服务支持度包括农村居民宽带普及率、每平方公里农村公路密度和农业支出占财政支出比重。

（二）指标层（四级指标）

1. 农产品加工业投资额与农业投资额之比

农产品加工业是以农业物料、人工种养或野生动植物资源为原料进行工业生产活动的总和。广义的农产品加工业是指以农、林、牧、渔产品及其加工品为原料所进行的工业生产活动。狭义的农产品加工业是指以人工生产的农业物料和野生动植物资源及其加工品为原料所进行的工业生产活动。投资是产业得以成长的重要条件。这一指标的含义是，农产品加工业投资额与农业投资额之比的比值越高，意味着农产品加工业的成长能力越强，对农业的带动和融合作用越大。

2. 农产品加工业总产值占农林牧渔总产值比重

该指标是反映农业产业化经营水平的国际通用指标。根据农业部农产品加工局测算，2016 年全国农产品加工业总产值与农林牧渔总产值比重为 2.2：1，预计到 2020 年这一指标将达到 2.4：1，发达国家的比重大致位于（3.0—4.0）：1。

3. 农业产业化经营组织带动农户数占农户总数比重

该指标反映的是农业产业链延伸对农户的带动作用。尽管农业产业化经营链条不一定全都经过加工业这一链条环节，但在实践中，人们往往更多地认为这一指标主要反映的就是农产品加工业链条对农户的带动程度。无论是从哪个角度理解农业产业化经营，体现的都是农村三产融合对农民的带动作用。2016 年我国这一指标为 55% 左右，发达国家类似于这一指标的农民组织化程度一般在 80% 以上，该指标能够反映农村一二三产业融合对农民的带动水平。

4. 农产品加工转换率

该指标是指一定时期、一定区域内所有农产品加工企业加工（初加工以上）消耗的初级农产品占该区域农产品总产量的比例，是反映农产品加工业发展水平的主要指标。我国农产品加工业的发展目标是到 2020

年加工转化率提高到 68%，到 2025 年达到 75%①。

5. 农林牧渔服务业增加值占农林牧渔业增加值比重

该指标是反映农业社会化服务水平的重要指标。农林牧渔服务业增加值为农林牧渔业增加值减去第一产业增加值。目前，美国农业服务业增加值占农业 GDP 比重为 12.7%。

6. 农产品电商交易额与农业总产值之比

农产品电商作为农村产业新业态，是农村三产融合的重要平台。近几年，我国农产品电商带动农村二三产业发展的作用明显。农产品电商交易额与农业总产值之比是反映一二三产业融合的重要指标。2016 年，全国农产品电商交易额已达到 2200 亿元，据农业部预测，到 2020 年，该交易额将达到 8000 亿元。

7. 乡村旅游接待人次与农业人口之比

休闲农业与乡村旅游是农村一二三产业融合的重点产业，其接待人次是反映融合程度的重要指标。近年来，我国休闲农业和乡村旅游蓬勃发展，2017 年全国乡村旅游共接待游客 28 亿人次，营业收入 7400 亿元，从业人员 1100 万人，带动 750 万户农民受益，成为天然的农村产业融合主体②。

8. 乡村旅游收入与农业总产值之比

乡村旅游收入是农村一二三产业融合程度的重要体现。2012—2017 年中国休闲农业与乡村旅游营业收入增长十分迅速。其中，2013 年、2015 年、2016 年我国乡村旅游游客营业收入都达到 30% 以上。2019 年我国乡村休闲旅游业营业收入超 8500 亿元，到 2021 年，该收入规模突破 10000 亿元。

9. 农村网店户数与农业人口之比

农村网店是农村一二三产业融合的平台，该指标是指一定农村区域内

---

① 中华人民共和国农业农村部：《全国农产品加工业与农村一二三产业融合发展规划（2016—2020 年）》，http：//www.moa.gov.cn/govpublic/XZQYJ/201611/t20161117_5366803.htm，2019 年 1 月 20 日。

② 途牛旅游网：《2018 年乡村旅游分析报告》，https：//www.sohu.com/a/306435444_685118，2019 年 2 月 11 日。

农民人均拥有网店的数量，是一产与三产融合的参考指标。鉴于数据的可得性，本书对测评地区以拥有淘宝村数量与农业人口之比替代该指标。

10. 土地流转率

农村一二三产业融合需要农村土地的集中和规模化，土地流转情况与产业融合存在正相关关系，该指标是指农村家庭承包经营土地已经流转的面积与所有承包经营土地的比值，是农村产业融合的重要保障。

11. 农民人均用电量

农业用电量是农村经济发展水平的重要指标，更能反映农村工业化发展的水平，是农村一产与二产融合的重要指标，尤其是反映农产品深加工业发展程度。

12. 农村金融机构贷款余额增长速度

农村产业融合离不开农村金融机构贷款的支持，农村金融机构贷款余额增长速度这一指标反映的是农村整个信贷资金的增长速度，它包含了对农村产业融合的支持。因此这一指标反映了这种支持的趋向。

13. 农业保险深度

该指标是指农业保费收入与第一产业增加值的比值，是反映金融对农业风险防范支撑水平的重要指标。据中国保监会发布数字，2017 年我国保险深度为 4.57%，全球保险深度为 6.69%。国际上，2017 年美国、日本的农业保险深度分别为 7.1% 和 8.59%。

14. 省级农民专业合作社示范社数量与农业人口之比

省级农民专业合作社是农村一二三产业融合发展的重要组织平台，也是重要推动力量。省级农民专业合作社示范社的数量多少一定程度上能反映农村一二三产业融合的发展水平。

15. 农村居民宽带普及率

该指标是指农户接入互联网的数量与家庭单位总数的比值，是农村新产业、新业态发展的支撑平台，是影响农村一二三产业融合的重要因素。

16. 每平方公里农村公路密度

农村产业融合，需要基础设施加以支撑。农村公路密度越大，意味着乡村的通达性越好，开展农村产业融合的基础设施条件越好。这是反映农村一二三产业融合发展的基础设施条件指标。

17. 农业支出占财政支出比重

公共财政用于"三农"的财政支出是农村产业发展的重要资金保障。农村三产融合的产业项目多数需要政府的引导资金和政策奖励等。该指标能够对农村三产融合起到重要的推动作用。

第二节　评价方法及其运用

农村一二三产业融合评价指标确定后，最重要的就是各个指标在目标值中所占的比重。确定各指标权重的方法很多，比如赫芬达尔指数法（Herfindhal Index，HI）、综合指数法、功效系数法，以及协调发展系数方法等。结合本书特点，综合分析得出选择层次分析法（Analytical Hierarchy Process，AHP）最为适合。

一　主观权重确定的方法

层次分析法是 20 世纪 70 年代由美国运筹学家托马斯·塞蒂（T. L. Saatty）提出的一种层次权重决策分析方法。它是一种定性和定量相结合、系统化、层次化的分析方法，由于它在处理复杂决策问题上的实用性和有效性，很快在世界范围得到重视。

层次分析法是将决策问题按总目标、各层次目标、评价准则直至具体的备投方案的顺序分解为不同的层次结构，然后用求解判断矩阵特征向量的办法，求得每一层次的各元素对上一层次某元素的优先权重，最后再加权和的方法递阶归并。它是将一个多目标的复杂决策问题作为一个研究系统，在系统中将目标分解，进而化为多个层次的指标或准则，通过定性指标的量化算出每个层级指标的权数排序和总排序，以作为目标决策依据的方法。该方法已被广泛用于系统工程中多目标、多层次、多准则、难以量化的社会、经济、文化、科技等众多领域的评价、决策、预测中，一系列研究成果证明了该方法的系统性、科学性和简洁实用性。

层次分析法的核心原理是把复杂的系统问题分解为不同元素组成的部分，按照元素之间的横向平行关系及纵向隶属关系形成不同层次，同一层次的各因素从属于上层因素，又受下一层因素的作用。通常最上层为目标层，中间可以有一个或多个层次，最下层为方案层或对象层。然后算出从第二层开始的每一层对上一层及最高层的相对重要性权值，即获得各指标的相对重要性。

二 层次分析法（AHP）的运用

层次分析法的运用步骤主要分为四个过程进行，首先是建立递阶层次结构模型；然后构造出各层次中的所有判断矩阵；再进行层次单排序及一致性检验；最后进行层次总排序及一致性检验。

（一）建立递阶层次结构模型

层次分析法是用来根据多种准则或者要素，从候选方案中选出最优的一种数学方法。最顶层是所要的目标，中间层是判断影响目标的要素或标准，可供选择的要素在最下面。本书是以农村一二三产业融合度为目标层（Objective），以融合的横向宽度、纵向深度为准则层（Norm），以农业与工业融合度、农业与服务业融合度、生产要素支持度、公共服务支持度为要素层（Factor），以农产品加工业投资额与农业投资额之比等17个指标为指标层（Target）。因此，可构建递阶层次结构模型，如图5—1所示。

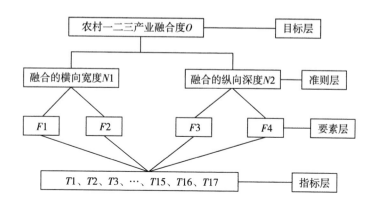

图5—1　层次分析法递阶层次结构模型

（二）构造判断矩阵

1. 判断矩阵

目的是在供决策者对层次结构模型从第二层开始到最下层，对同一层次的诸因素进行两两比较。此步骤中，成对比较法和1—9比较尺度将用来定义判断矩阵，如表5—2、表5—3所示。依据问卷设计和专家问卷调查数据，分别构造判断矩阵 $O-N$、$N1-F$、$N2-F$、$F1-T$、$F2-T$、$F3-T$、$F4-T$。

表 5—2	1—9比较尺度表
标　度	含　义
1	表示两个因素相比，具有相同重要性
3	表示两个因素相比，前者比后者稍重要
5	表示两个因素相比，前者比后者明显重要
7	表示两个因素相比，前者比后者强烈重要
9	表示两个因素相比，前者比后者极端重要
2，4，6，8	表示上述相邻判断的中间值
倒数	若因素 i 与 j 的重要性之比为 a_{ij}，那么因素 j 与 i 的重要性之比为 $a_{ji}=1/a_{ij}$

若对于上一层 AK 而言，本层次有关元素 B_1，B_2，…，B_n 之间的相对重要性为：B_i 与 B_j 的相对重要性为 B_{ij}，B_{ij} 通常为 1—9 标度，此时 B_{ij} 取 1，2，…，9 及其倒数，1—9 标度的含义如表 5—3 所示。

判断矩阵的形式如下：

表 5—3　　　　　　　　　　　判断矩阵形式

AK	b_1	b_2	…	B_j	…	b_m
B_1	b_{11}	b_{12}	…	b_{13}	…	b_{1m}
B_2	b_{21}	b_{22}	…	b_{23}	…	b_{2m}
…	…	…	…	…	…	…
B_n	b_{n1}	b_{n2}	…	b_{n3}	…	b_{nm}

2. 计算权重

根据判断矩阵，先计算出判断矩阵的特征向量 W，然后经过标准化处理，使其满足 $\sum w = 1$，即可求出 B_i 对于 AK 的相对重要程度，即权重。

（1）计算判断矩阵 B 每一行数值的乘积 M_i，并计算其 n 次方根：

$$\overline{W_i} = \sqrt[n]{M_i} = \sqrt[n]{\prod B_i} \tag{5-2}$$

（2）计算的权数

$$W_i = \frac{\overline{W_i}}{\sum \overline{W_i}} \tag{5-3}$$

（3）计算判断矩阵的最大特征根

$$\lambda_{max} = \sum \frac{(BW)_i}{nW_t} \tag{5-4}$$

（三）判断矩阵的一致性检验

在评价过程中，评价者是不可能对所有因素的数值进行精确判断的，可能数值会存在误差，这就会导致判断矩阵的特征值会产生偏差。在构造判断矩阵时，并不要求判断具有完全一致性，但是应该判断具有大体的一致性，否则将无法进行分析。所以，在求出最大特征根 λ_{max} 后，还要进行一致性检验。

1. 计算一致性指标 CI

$$CI = \frac{\lambda_{max-n}}{n-1} \tag{5-5}$$

当 λ_{max} 稍大于 n，其余特征根均接近于零，此判断矩阵才具有满意度一致性，此时应用特征根方法所得的权重向量 W 才能符合实际。在一般情况下，判断矩阵阶数 n 越大，其 CI 值越大，判断矩阵偏离完全一致性的程度越大；反之，表明判断矩阵的一致性越好。为了度量不同阶的判断矩阵的一致性，需要引入平均随机一致性指标 RI 值，如表5—4所示。

表 5—4　　　　　　　　平均随机一致性指标 RI 标准值

矩阵阶数（n）	1	2	3	4	5	6	7	8	9	10
RI	0	0	0.58	0.90	1.12	1.24	1.32	1.41	1.45	1.49

2. 计算随机一致性比例 CR，公式如下：

$$CR = \frac{CI}{RI} \tag{5-6}$$

若 $CR=0$，判断矩阵具有完全的一致性；若 $0<CR<0.1$，判断矩阵具有满意一致性；若 $CR>0.1$，则表明判断矩阵不具有满意一致性，此时需要调整判断矩阵，使 CR 值小于 0.1。

3. 计算权重

各级指标对上一级指标的权重计算出来以后，即可从最上一级开始，自上而下求出各级指标关于评价目标的综合权重。系统权重向量计算公式为：

$$U = W \cdot V \cdot Z \tag{5-7}$$

其中，W 是根据指标层 T 相对要素层 F 的特征向量；V 是要素层 F 相对准则层 N 的特征向量集；Z 是准则层 N 相对测评目标 O 的特征向量；U 是指标层 T 相对于测评目标 O 的系统特征向量。此公式表示某一级指标的综合权重是该指标的权重和上一级指标的组合权重的乘积值。要计算某一级的综合权重，必须先知道上一级的综合权重，因而综合权重总是由最高级开始，依次往下推算的。

设 A 层 m 个因素 A_1，A_2，A_3，$\cdots$，A_m 对总目标的排序为 a_1，a_2，a_3，$\cdots$，a_m，B 层 n 个因素对上层 A 中因素 A_j 的层次单排序为 b_{1j}，b_{2j}，$\cdots$，b_{nj} $(j=1, 2, \cdots, m)$，则 B 层的层次总排序如表 5—5 所示。

表 5—5　　　　　　　　层次总排序计算表

A ＼ B	A_1 a_1	A_2 a_2	A_3 a_3	$\cdots A_m$ $\cdots a_m$	B 层次总排序
B_1	b_{11}	b_{12}	b_{13}	$\cdots b_{1m}$	$b_1 = \sum_{j=1}^{m} a_j b_{1j}$
B_2	b_{21}	b_{22}	b_{23}	$\cdots b_{2m}$	$b_2 = \sum_{j=1}^{m} a_j b_{2j}$
$\cdots$	$\cdots$	$\cdots$	$\cdots$	$\cdots$	$\cdots$
B_n	b_{n1}	b_{n2}	b_{n3}	$\cdots b_{nm}$	$b_n = \sum_{j=1}^{m} a_j b_{nj}$

设 B 层对上层（A 层）中因素的层次单排序一致性指标为 CI_j，层次随机一致性指标为 RI_j，则层次总排序的一致性比例为：

$$CR = \frac{CI}{RI} = \frac{\sum_{j=1}^{m} a_j CI_j}{\sum_{j=1}^{m} a_j RI_j} \tag{5-8}$$

若 $CR=0$，判断矩阵具有完全一致性；若 $0<CR<0.1$，判断矩阵具有满意一致性；若 $CR>0$，判断矩阵不具有满意一致性。

（四）评价指标主观权重的确定

基于专家调查问卷结果，根据层次分析法的原理及基本计算步骤，运用 Yaahp 层次分析软件，对农村一二三产业融合度评价指标体系的各指标权重进行运算。结果如下：

1. 评价指标准则层各因子权重及一致性检验

如表 5—6 所示，N1、N2 的权重分别为 0.8333、0.1667。$\lambda_{max} = 2.0000$，$CI = 0.0000$，已知 $n = 2$，则 $CR = 0.0000 < 0.1$，表明判断矩阵具有满意一致性。

表 5—6　　　　　O–N 判断矩阵各因子权重及其一致性检验

O	N1	N2	W_{Ni}	λ_{max}	CI	RI	CR
N1	1	5	0.8333				0.0000<0.1
N2	1/5	1	0.1667	2.0000	0.0000	0.58	具有满意一致性

2. N1 下的各因子权重及其一致性检验

如表 5—7 所示，在 N1–F 判断矩阵中，F1、F2 的权重分别为 0.5000、0.5000，由 $n = 2$、$\lambda_{max} = 2.0000$，可知 $CI = 0.0000$，$RI = 0.000$，则 $CR = 0.0000 < 0.1$，表明判断矩阵具有满意一致性。

表 5—7　　　　　N1–F 判断矩阵各因子权重及其一致性检验

N1	F1	F2	W_{Fi}	λ_{max}	CI	RI	CR
F1	1	1	0.5000				0.0000<0.1
F2	1	1	0.5000	2.0000	0.0000	0.000	具有满意一致性

3. N2 下的各因子权重及其一致性检验

如表 5—8 所示，在 N2–F 判断矩阵中，F3、F4 的权重分别为 0.8333、0.1667，由 $n = 2$、$\lambda_{max} = 2.0000$，可知 $CI = 0.0000$，$RI = 0.000$，则 $CR = 0.0000 < 0.1$，表明判断矩阵具有满意一致性。

表 5—8   N2-F 判断矩阵各因子权重及其一致性检验

N2	F3	F4	W_{Fi}	λ_{max}	CI	RI	CR
F3	1	5	0.8333	2.0000	0.0000	0.000	0.0000<0.1 具有满意一致性
F4	1/5	1	0.1667				

4. $F1$ 下的各因子权重及其一致性检验

如表 5—9 所示，在 $F1-T$ 判断矩阵中，$T1$、$T2$、$T3$、$T4$ 的权重分别为 0.0682、0.5669、0.2211、0.1438，由 $n=4$、$\lambda_{max}=4.1762$，可知 $CI=0.0587$，$RI=0.90$，则 $CR=0.0652<0.1$，表明判断矩阵具有满意一致性。

表 5—9   F1-T 判断矩阵各因子权重及其一致性检验

F1	T1	T2	T3	T4	W_{Ti}	λ_{max}	CI	RI	CR
T1	1	1/5	1/4	1/3	0.0682	4.1762	0.0587	0.90	0.0652<0.1 具有满意一致性
T2	5	1	4	4	0.5669				
T3	4	1/4	1	2	0.2211				
T4	3	1/4	1/2	1	0.1438				

5. $F2$ 下的各因子权重及其一致性检验

如表 5—10 所示，在 $F2-T$ 判断矩阵中，$T5$、$T6$、$T7$、$T8$、$T9$ 的权重分别为 0.5339、0.1244、0.0845、0.2096、0.0477，由 $n=5$、$\lambda_{max}=5.3095$，可知 $CI=0.0773$，$RI=1.12$，则 $CR=0.0691<0.1$，表明判断矩阵具有满意一致性。

表 5—10   F2-T 判断矩阵各因子权重及其一致性检验

F2	T5	T6	T7	T8	T9	W_{Ti}	λ_{max}	CI	RI	CR
T5	1	5	6	4	7	0.5339	5.3095	0.0773	1.12	0.0691<0.1 具有满意一致性
T6	1/5	1	2	1/3	4	0.1244				
T7	1/6	1/2	1	1/3	3	0.0845				

F2	T5	T6	T7	T8	T9	W_{Ti}	λ_{max}	CI	RI	CR
T8	1/4	3	3	1	3	0.2096	5.3095	0.0773	1.12	0.0691<0.1 具有满意一致性
T9	1/7	1/4	1/3	1/3	1	0.0477				

6. *F3* 下的各因子权重及其一致性检验

如表 5—11 所示，在 F3-T 判断矩阵中，T10、T11、T12、T13、T14 的权重分别为 0.3628、0.4032、0.1175、0.0623、0.0541，由 $n=5$、$\lambda_{max}=5.2725$，可知 $CI=0.0681$，$RI=1.12$，则 $CR=0.0608<0.1$，表明判断矩阵具有满意一致性。

表 5—11　　　　*F3-T* 判断矩阵各因子权重及其一致性检验

F3	T10	T11	T12	T13	T14	W_{Ti}	λ_{max}	CI	RI	CR
T10	1	1/2	5	7	6	0.3628				
T11	2	1	3	6	5	0.4032				
T12	1/5	1/3	1	3	2	0.1175	5.2725	0.0681	1.12	0.0608<0.1 具有满意一致性
T13	1/7	1/6	1/3	1	2	0.0623				
T14	1/6	1/5	1/2	1/2	1	0.0541				

7. *F4* 下的各因子权重及其一致性检验

如表 5—12 所示，在 F4-T 判断矩阵中，T15、T16、T17 的权重分别为 0.1488、0.0658、0.7854，由 $n=3$、$\lambda_{max}=3.0803$，可知 $CI=0.0415$，$RI=0.58$，则 $CR=0.0715<0.1$，表明判断矩阵具有满意一致性。

表 5—12　　　　*F4-T* 判断矩阵各因子权重及其一致性检验

F4	T15	T16	T17	W_{Ti}	λ_{max}	CI	RI	CR
T15	1	3	1/7	0.1488				
T16	1/3	1	1/9	0.0658	3.0803	0.0415	0.58	0.0715<0.1 具有满意一致性
T17	7	9	1	0.7854				

8. 计算层次总排序权重及一致性检验

根据式（5-2）至式（5-8），由以上单层次指标权重及一致性检验结果可知层次总排序一致性指标 $CI=0$，层次总排序随机性指标 $RI=0$，$CR=0<0.1$，表明整体判断矩阵具有满意一致性。层次总排序权重结果如表 5—13 所示，层次总排序一致性检验结果如表 5—14 所示。

表 5—13　　　　判断矩阵各指标层次总排序权重计算结果表

T 层对 F 层的排序	F1	F2	F3	F4	T 层总排序权重 W_i
F 层对 N 层的排序	0.5000	0.5000	0.8333	0.1667	
N 层对 O 层的排序	0.8333		0.1667		
T1	0.0682	0	0	0	0.0284
T2	0.5669	0	0	0	0.2362
T3	0.2211	0	0	0	0.0921
T4	0.1438	0	0	0	0.0599
T5	0	0.5339	0	0	0.2225
T6	0	0.1244	0	0	0.0518
T7	0	0.0845	0	0	0.0352
T8	0	0.2096	0	0	0.0873
T9	0	0.0477	0	0	0.0199
T10	0	0	0.3628	0	0.0504
T11	0	0	0.4032	0	0.0560
T12	0	0	0.1175	0	0.0613
T13	0	0	0.0623	0	0.0087
T14	0	0	0.0541	0	0.0075
T15	0	0	0	0.1488	0.0041
T16	0	0	0	0.0658	0.0018
T17	0	0	0	0.7854	0.0218

表 5—14　　　　　　　层次总排序一致性检验结果表

a_i	0.8333	0.1667	
CI_j	0	0	$CI = \sum_{j=1}^{m} a_j CI_j = 0.0000$
RI_j	0	0	$RI = \sum_{j=1}^{m} a_j RI_j = 0.0000$

9. 农村一二三产业融合度评价指标体系权重表

上述对农村一二三产业融合各指标体系的层次单排序和层次总排序及其一致性检验结果显示都具有满意一致性，这表明运用层次分析法对构建农村一二三产业融合度评价指标体系科学合理，如表5—15所示。

表5—15　　农村一二三产业融合度评价指标体系及其权重表

目标层	准则层	单排序权重 W_{Ni}	要素层	单排序权重 W_{Fi}	指标层	单排序权重 W_{Ti}	总排序权重 W_i
农村一二三产业融合度	融合的横向宽度 $N1$	0.8333	农业与工业融合度 $F1$	0.5000	农产品加工业投资额与农业投资额之比（%）T1	0.0652	0.0284
					农产品加工业总产值占农林牧渔总产值比重（%）T2	0.5669	0.2362
					农业产业化经营组织带动农户数占农户总数比重（%）T3	0.2211	0.0921
					农产品加工转换率（%）T4	0.1438	0.0599
			农业与服务业融合度 $F2$	0.5000	农林牧渔服务业增加值占农林牧渔业增加值比重（%）T5	0.5339	0.2225
					农产品电商交易额与农业总产值之比（%）T6	0.1244	0.0518
					乡村旅游接待人次与农业人口之比（%）T7	0.0845	0.0352
					乡村旅游收入与农业总产值之比（%）T8	0.2096	0.0873
					农村网店户数与农业人口之比（%）T9	0.0477	0.0199

目标层	准则层	单排序权重 W_{Ni}	要素层	单排序权重 W_{Fi}	指标层	单排序权重 W_{Ti}	总排序权重 W_i
农村一二三产业融合度	融合的纵向深度 $N2$	0.1667	生产要素支持度 $F3$	0.8333	土地流转率（%）$T10$	0.3628	0.0504
					农民人均用电量（度）$T11$	0.4032	0.0560
					农村金融机构贷款余额增长速度（%）$T12$	0.1175	0.0613
					农业保险深度（%）$T13$	0.0623	0.0087
					省级农民专业合作社示范社数量与农业人口之比（%）$T14$	0.0541	0.0075
			公共服务支持度 $F4$	0.1667	农村居民宽带普及率（%）$T15$	0.1488	0.0041
					每平方公里农村公路密度（公里）$T16$	0.0658	0.0018
					农业支出占财政支出比重（%）$T17$	0.7854	0.0218

三 农村一二三产业融合度评价值测算

评价指标体系的应用首先是运用层次分析法确定的主观权重，然后通过与评价指标的客观权重求复合权重，这样主客观权重综合起来评价，就使得评价体系更为科学合理。

（一）农村一二三产业融合度评价设计思路

农村一二三产业融合度评价指标体系从准则层面的农业与工业融合度、农业与服务业融合度、生产要素支持度和公共服务支持度 4 个方面分别反映农村一二三产业融合的横向宽度和纵向深度。为使这一体系在实际应用过程中更真实、客观、科学地反映研究区域中农村一二三产业融合度水平，本书拟设计熵权层次分析评价模型，如图 5—2 所示，即在前文通过层次分析法确定各指标的主观权重基础上，再通过收集客观数据，用熵权法确定各指标的客观权重，形成主客观复合权重，进而对农村一二三产业融合度进行评价。

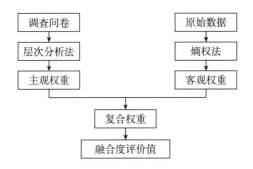

图 5—2　农村一二三产业融合度评价设计图

（二）农村一二三产业融合度评价值测算步骤

基于前文的层次分析，以下省去主观权重的重复计算，故先通过收集实证对象所对应的指标数据，运用熵权法获得客观权重，然后将主观权重与客观权重进行复合，以测算实证对象的农村一二三产业的融合度。客观权重、复合权重及融合度评价值运算步骤如下：

1. 运用熵权法确定客观权重

（1）在已构建的评价指标体系和对应原始数据收集的基础上，构建原始数据矩阵 $X = (x_{ij})_{mn}$

（2）对各指标进行无量纲化处理以及非负数化处理，使数据之间具有可比性，运用公式 $x'_{ij} = A + (X_{ij} - \overline{X_j}) / \partial j$　　　　　（5-9）

（3）计算指标 X'_{ij} 的比重 $X''_{ij} = X'_{ij} / \sum X'_{ij}$　　　　　（5-10）

（4）计算第 i 类指标的熵值 $e_i = -(1/Lnn) \sum X''_{ij} Ln X''_{ij}$　　　　　（5-11）

（5）计算第 i 类指标的差异值 $g_i = 1 - e_i$ （5-12）

（6）计算第 i 类指标的权重 $a_i = g_i / \sum g_i$ （5-13）

2. 农村一二三产业融合度评价值计算

（1）运用公式计算复合权重 $\lambda_i = \dfrac{W_i a_i}{\sum\limits_{n}^{m} W_i a_i}$ （5-14）

（2）将复合权重与评价对象的指标数据进行加权计算，即得评价对象的农村一二三产业融合度评价值 R。评价值越大，表明评价对象的农村一二三产业融合度越高。公式如下：

$$R = \sum_{i=1}^{m} \lambda_i X_{ij} \qquad\qquad (5\text{-}15)$$

第三节　农村一二三产业融合水平评价

——以山东省为例

上一节构建的农村一二三产业融合的评价指标体系和测评模型是对某个区域进行农村产业融合测评的方法基础。本节选取山东省烟台市、潍坊市、济宁市、菏泽市 4 个地级市作为测评对象，既是对评价指标和测评方法科学性、系统性和可比性的实际检验，又是对 4 个地级市农村一二三产业融合发展水平的度量。

一　测评对象的选取

选择山东省烟台市、潍坊市、济宁市、菏泽市作为测评对象的依据是：4 个地级市都是山东省传统农业大市，农村产业发展各有特点；4 个地级市的地理区位分布在山东省的东、中、西、南部，具有代表性；4 个地级市的经济发展水平分别处于较好、一般、较差层次。因此，选取这 4 个地级市能够从整体上比较全面地代表全省的情况。

（一）烟台市农业概况

烟台市地处山东半岛东部，濒临黄海、渤海，与辽东半岛及日本、韩国、朝鲜隔海相望。烟台市辖 4 区、1 县、7 个县级市，82 个镇、6 个乡、65 个街道办事处，589 个居民委员会、6748 个自然村。全市总面积13746.5 平方公里，其中市区面积 2722.3 平方公里。

1. 农业资源条件

烟台市农业自然资源非常丰富，是我国北方省份中知名的农业资源大市。该市拥有独特的地理位置和非常优越的农业天然条件，海洋资源丰富，是我国重要的海洋生物繁育地，海洋生物的品种多达 200 多个，是我国重要的海产品生产加工基地，也是我国著名的农产品生产区。烟台苹果、莱阳梨是烟台市传统的知名品牌农产品。随着农业产业进一步发展，烟台市的葡萄及其葡萄酒产业也迅速发展起来，已成为我国重要的葡萄酒生产加工基地。此外，烟台的大樱桃也凭借优质品种、个头大和颜色鲜艳等特点，成为胶东大樱桃的代表。烟台市区域内特色农产品很多，已获得"国家地理标志保护产品"的就有 40 多种。优越的自然资源和良好的农产品生产条件造就了烟台农业大市的地位，正日益成为我国最为重要的优质农产品生产基地。截至 2018 年年底，烟台市农业人口484 万，耕地面积为 670 万亩，实现农业总产值 530 亿元，农村居民人均可支配收入 17721 元。

2. 农村产业融合情况

近年来，烟台市农村产业发展不断提升，各类农业新型经营主体不断涌现。截至 2018 年年底，烟台市拥有省级以上农业龙头企业 72 家，年销售收入过亿元的 146 家，过百亿元的大型农业龙头企业达到 3 家，"农"字号上市企业 15 家，农民专业合作社达到 1.4 万多家，家庭农场达到 4400 多家。

（1）农村新产业新业态具有活力。2017 年仅烟台苹果和烟台大樱桃网上销售额就突破 28 亿元，烟台市农产品网上零售额达到 43.7 亿元，规模居全省第一位。完善农产品物流体系，支持建设集商流、物流、资金流于一体的现代物流中心。2016 年，在栖霞市建设了国内首个苹果拍卖中心，将传统批发市场与物流配送、现货交易、国际贸易等进行创新性融合，实现果品在全国乃至世界范围内的自由流动。拍卖中心年交易量可达 60 万吨，实现交易额 30 亿元。

（2）农业产业链不断拉长。烟台市发展省级以上农业旅游示范点 59 处、生态休闲农业园区（点）13 个、海洋牧场示范区 12 处，省级旅游强镇增加达到 38 个、旅游特色村 92 个，规模以上休闲观光基地 130 余处，年接待游客 200 多万人次。我们把农业与烟台知名的葡萄酒产业充分融合，建设了张裕卡斯特酒庄、拉菲酒庄等高标准葡萄酒庄 60 座，实现了葡萄种植、葡萄酒加工和葡萄酒文化的完美结合。引导工商资本进入农业，先后打造了投资过 100 亿元的瀑拉谷酒庄产业集群、流转土地逾 6 万亩的和圣生态农场、中国第一个葡萄酒工业旅游 5A 级景区——张裕国际葡萄酒城等农业综合体。

（3）产城协调发展。目前，已建成蓬莱农业高新技术产业示范区、栖霞现代农业产业园等省级以上农业科技园（区）、高新技术产业区 13 处，芝罘卧龙、莱山盛泉等年销售 20 亿元以上的现代化水产品加工产业园区 10 处，创建省级美丽乡村示范村 42 个，共有 11 个镇、近 80 个村庄获得了国家、省级美丽宜居镇村、历史文化名镇名村、传统村落等称号，数量居全省首位。

（4）农村一二三产业融合利益联结不断紧密。通过农业项目引导、典型示范，号召村委领办农民合作社、能人兴办加工业，支持并采取股份合作制等方式与农户建立稳定的合作关系。引导农户将承包土地经营权、林权、宅基地使用权等产权入股合作社或参与农业产业化经营，实行"租金保底+股份分红"等有效的收益分配机制，把尽可能多的农民、农户拉进"新六产"中来。目前，烟台市已有 80% 以上的农户进入产业化经营链条，带动市内外基地 600 多万亩。

（二）潍坊市农业概况

潍坊市地处山东半岛中部，辖 4 区、6 市、2 县，陆地面积 1.61 万平方公里。2017 年潍坊市地区生产总值（GDP）实现 5858.6 亿元，常住人口 936.3 万人。三次产业占比为 8.4∶45.6∶46。一二三产业对经济增长的贡献率分别为 4.2%、40.9%和 54.9%。

1. 农业资源条件

潍坊市位于山东内陆腹地通往半岛地区的咽喉地带，是山东半岛城市群地理中心。地处国家黄淮海小麦玉米优势生产区、黄淮海与环渤海设施蔬菜重点区、全国无规定动物疫病区。属暖温带季风型半湿润性气候，年平均气温 13.0℃，年平均降水量 600.6 毫米，无霜期 197 天。地势南高北低，南部为山区、丘陵，中部为倾斜平原，北部为滨海平原，分别占全市总面积的 35.6%、41.6%、22.8%，耕地总面积 1173.6 万亩。境内流域面积在 50 平方公里以上的河流有 103 条，主要水系有潍河、弥河、白浪河、南北胶莱河和小清河五大水系，拥有山东省最大的水库——峡山水库。优越的气候、地理、水利条件，适宜农业发展，是全国重要的农产品生产、加工和出口基地。海陆空交通发达、立体便捷，使潍坊市在广泛接受农业科技辐射、扩大农业交流合作、集聚农业生产要素、开拓农产品市场、辐射带动周边等方面都具有明显的优势条件。

2. 农村产业融合情况

推进产业融合。新型经营主体快速成长，"接一连三"能力显著增强。按照"有中出新"思路，潍坊市得利斯等省级以上农业龙头企业发展 87 家、万泉食品等市级农业龙头企业 612 家，惠发食品等上市公司 6 家。注册成立农民合作社 24513 家、家庭农场 6811 家。2017 年，全市农产品加工转化率达到 70%，农业龙头企业实现销售收入 1655 亿元，农民合作社、家庭农场统一组织销售社员农产品 205 亿元。诸城市形成肉制品、粮油、蔬菜、茶叶四大系列 400 多个品种全产业链生产体系，90%以上的农产品得到加工转化。终端型、体验型、循环型、智慧型、服务型等新业态快速拓展，带来了农业效益、企业效益和农民收入的齐头攀升。中百大厨房年配送量达 30 万吨，实现了农产品从田头到餐桌无缝对接。坊子玉泉洼合作社实行"有机果蔬—饲养—沼气—有机果蔬"的闭合循环，生态保护与经济效益双赢。寿光市应用物联网、云计算、大数据等新技术新模式，农民每年直接增收 5 亿元。青州市积极实施"互联网+花卉"战略，年实现电商交易额达 18 亿元。

潍坊市省级以上农业龙头企业、农民合作社数量跃居全省首位，17家企业进入"全国农业龙头企业 500 强"，农业龙头企业年销售收入、合作社统一销售农产品收入也位居全省前列，参与产业融合的比例达到 75%以上，畜产品、蔬菜出口额各占全国的 1/8，形成了畜牧千亿级产业链①。2017 年乡村旅游实现综合收入 150 亿元，农村电子商务交易额达到 170 亿元。诸城市大力推进以"五链融合""五体聚力""五业兴农"为核心的农业"新六产"，得利斯一家企业年加工转化饲料粮就达 160 万吨，带动 23 万农户增收致富。

农业"新六产"推动了农业适度规模经营，拓展了农业功能，使农民有了更多收入来源。工资性收入持续增加，70%以上的农民经过专项培训后离开土地，进城或就地转化为产业工人，潍坊市人均工资性收入达到 1 万元。寒亭开轩农场发展以特色种养、采摘观光、农事体验为一体的农业"新六产"，吸收 6300 名农民就业，增收 1000 多万元。经营性收入不断增长，农户借助产业链条的延伸，大力发展农产品加工、乡村旅游等产业，全市人均增收 5000 多元。诸城泰田公司流转土地建设大棚反租农户经营，户均年增收 7 万—10 万元。

（三）济宁市农业概况

济宁市位于鲁西南腹地，地处黄淮海平原与鲁中南山地交接地带，东

---

① 中国农业新闻网：《2019 年农业产业化龙头企业 500 强排行榜》，https：//baijiahao. baidu. com/s？ id=1626433254095656641&wfr=spider&for=pc，2019 年 3 月 2 日。

邻临沂地区，西与菏泽接壤，南面是枣庄市和江苏省徐州市，北面与泰安市交界。下辖 2 个市辖区、7 个县，是淮海经济区核心区八大城市之一。济宁属暖温带季风气候，面积 1.1 万平方公里，2016 年人口 835.44 万人。土地总面积 11187 平方公里。其中，耕地面积 6113.2 平方公里，占总面积的54.6%；园地面积 97.5 平方公里，占总面积的 0.9%；林地面积 625.4 平方公里，占总面积的 5.6%；草地面积 74.8 平方公里，占总面积的 0.7%。

1. 农业资源条件

济宁市是农业大市，共有涉农乡镇 145 个、耕地面积 917 万亩，常年农作物播种面积 1600 万亩，其中粮食种植面积 1100 万亩，粮食产量占全省的 1/8，肉类产量占全省的 1/9，淡水产品产量占全省的 1/4，是全国重要的粮棉油基地、特色农产品基地和名优畜牧品种繁育基地，多次被农业部评为国家粮食生产先进市。主要农作物有小麦、玉米、水稻、棉花、大蒜、食用菌、辣椒、花生、大豆、地瓜等，鲁西黄牛、小尾寒羊、汶上芦花鸡等九大畜禽品种列入国家和省级畜牧遗传资源重点保护品种名录，微山湖乌鳢、大闸蟹、龙虾等渔湖产品畅销国内大中城市市场。2016 年，济宁市农林牧渔及服务业增加值 495.5 亿元，其中农业增加值327.5 亿元；农村居民人均可支配收入 13615 元①。

2. 农村产业融合情况

目前，全市规模以上农业龙头企业发展到 1026 家，专业合作社14457 家，家庭农场 2340 家，建设生产基地 460 万亩、带动农户 110 万户，土地流转面积 252.8 万亩、占比 32.2%②。

农业示范园区创建扎实推进。拥有济宁、邹城 2 处国家农业科技园区，其中济宁国家农业科技园区生物技术、农产品精深加工、农机装备

---

① 济宁市统计局：《2016 年济宁市国民经济和社会发展统计公报》，http：//tjj. ji-ning. gov. cn/art/2017/3/2/art_6828_246812. html，2018 年 8 月 3 日。

② 济宁市统计局：《2017 年济宁市国民经济和社会发展统计公报》，http：//dlrk. ji-ning. gov. cn/art/2018/3/20/art_65804_2707652. html，2018 年 8 月 4 日。

制造、优良苗木和现代种业五大主导产业优势凸显，其中兖州农机装备产业园联合成立了技术创新联盟，培育、孵化了一批新型农机装备制造企业，金乡大蒜产业园发展大蒜精深加工，产品出口世界150多个国家和地区，今年上半年共出口40.72万吨、创汇7.21亿美元；启动整建制现代农业示范区建设，金乡"国家现代农业示范区"建设顺利，2017年被评为首批"国家现代农业产业园"，为山东省唯一入选县；拥有泗水、邹城2处"省级现代农业示范区"，2016年以来，每年启动评定20处市级现代农业示范园区，引领带动全市现代农业发展。

济宁市规模以上农业龙头企业979家，辐射带动形成了粮油、大蒜、食用菌、甘薯、种子五大产业集群。实施"一村一品"强村富民工程，省级示范村镇发展到27个、国家级10个①。加快发展农业"新六产"，泗水、金乡、嘉祥农村一二三产业融合发展试点成效明显，兖州列为2017年"国家农村一二三产业融合试点县"，研究起草了《济宁市发展农业"新六产"实施方案》，计划启动市级试点，扶持引导市场主体大力发展农业"新六产"。农业科技支撑能力持续增强，建成5个商业化育种中心，标准化良种繁育基地面积达到45万亩，嘉祥县年种子交易额近10亿元，2017年被认定为"国家科技良种制种基地县"及"国家首批区域性大豆良种繁育基地"。现代农业与服务业加快融合，嘉祥"云农场"②农资交易平台共建立县级服务中心400余家，服务土地3亿亩，大力发展订单式农业服务模式，大力推广水肥一体化、增施有机肥、绿色防控与统防统治结合等生态循环农业技术，肥料农药利用率达到90%以上。拓展农业生产功能，引导发展休闲观光农业，泗水、曲阜被评为"国家休闲农业与乡村旅游示范县"，曲阜打造了集文化旅游、生态体验、慢活休

---

① 济宁市农业农村局：《培育农业新动能发展农业新业态》，http://sdjnny.jining.gov.cn/art/2017/6/6/art_31717_1447507.html，2018年11月23日。

② "云农场"是一个类似于网上农资商城，主要服务于农业生产，包括农药、化肥、种子等，也包括农技服务、农场金融及其农村物流、农产品定制化等。

闲、创意产业于一体的儒家文化国际慢城，全市共创建国家级休闲农业与乡村旅游示范单位 6 个、省级 34 个。不断拓宽秸秆综合利用途径，落实秸秆机械还田、饲料化、肥料化、原料化利用等措施，2016 年全市农作物秸秆综合利用率达到 96% 以上。

（四）菏泽市农业概况

菏泽市位于山东省西南部，地处鲁苏豫皖四省交界地区，下辖 8 县、1 区及两个经济功能区，下设 31 个街道办事处、123 个镇、14 个乡、5924 个村民委员会。辖地南北长 157 公里，东西宽 140 公里，总面积 12238.62 平方公里，其中耕地面积 694800 公顷，园地面积 44988 公顷，林地面积 128776 公顷，水域面积 8755 公顷。总人口 960 万，其中农业人口 720 万。2017 年，全市实现地区生产总值（GDP）2820.18 亿元，其中第一产业增加值 282.08 亿元①。

1. 农业资源条件

本区属黄河冲积平原，耕地土壤肥沃，土层深厚，光热资源丰富，面源污染小，非常有利于现代农业的发展。主产小麦、玉米、棉花、花生、大豆等。被称为"国宝"的鲁西黄牛、青山羊和小尾寒羊原产地都在菏泽。目前，全市瓜菜面积近 400 万亩，总产 900 多万吨，其中果用瓜 100 万亩左右，东明每年种植西瓜 30 万亩以上，东明西瓜以皮薄、瓤甜、味正而闻名省内外。全市粮食作物播种面积 1740.29 万亩，粮食平均亩产 889 斤，粮食总产达到 773.35 万吨②。

2. 农村产业融合情况

近年来，菏泽市农业农村发展势头良好，农村新产业、新业态、新模式不断涌现。截至 2018 年年底，菏泽市规模以上农副产品加工企业达到

---

① 菏泽市人民政府：《菏泽市人民政府 2017 年政府信息公开工作年度报告》，http://www.shandong.gov.cn/art/2018/3/27/art_97678_8606783.html，2018 年 1 月 2 日。

② 菏泽市统计局：《菏泽统计年鉴 2019》，http://hztj.heze.gov.cn/2c908088819842f701819a29fa34002a/1544504495587721216.html，2019 年 4 月 17 日。

1929 家，实现主营业务收入 2881 亿元；市级以上"一村一品"示范村镇 146 个、专业村镇 1242 个；农民合作社发展到 2.53 万家，家庭农场发展到 4480 家。建立了职业农民实训基地，评选出首届十大"新农人"。菏泽市农村土地经营权流转面积 277 万亩，占家庭承包总面积的 24.3%①。

积极推广"龙头企业+合作社+基地+农户"的经营模式，在龙头企业的带动下，通过发展"一村一品、一乡一业"提升农民专业化程度。目前菏泽市已有 2000 个村制定了"一村一品"发展规划，已建成市级"一村一品"专业村 1277 个，省级以上"一村一品"示范村镇 33 家。市级"一村一品"示范村镇发展到 113 个，培育了一大批特色产业农民，推动了农业经营主体专业化。

（1）积极推进电商服务体系化。大力发展县域服务驱动型、特色品牌营销型等多元化的农产品电子商务模式，鼓励农产品流通企业依托实体经营网络探索开展农产品电子商务，通过与大型连锁超市、批发市场及电子商务企业合作，更好地促进农产品流通。菏泽天华电商产业园拥有目前全国最大的市级农特产品 O2O 体验馆"淘宝特色中国·菏泽馆"，实行线上线下结合，有效扩大了特色农产品线上销售渠道。牡丹区通过与田圈合作，发展镇级标准店 41 家、村级体验中心 517 家，实现网络销售 5000 多万元。

（2）大力发展农产品精深加工业，推动农业价值链相乘。近年来，菏泽市以加强农业龙头企业建设为抓手，以提升农产品品质、培育新型品牌为目标，充分利用特色农产品资源发展农产品加工业，推进生产、加工、贮藏、销售融合发展，一大批农业龙头企业不断发展壮大。比如，成武天鸿果蔬有限公司经营范围涵盖了农副产品的种植、收购、深加工、仓储销售等，经营品种包括大蒜、马铃薯、洋葱、生姜、烤蒜等，公司拥有 5 座高标准生产车间、自备万吨冷库 1 座、现代化生产加工机器设备

---

① 菏泽市统计局：《菏泽统计年鉴 2019》，http://hztj.heze.gov.cn/2c908088819842f70 1819a29fa34002a/1544504495587721216.html，2019 年 4 月 18 日。

70 多台，形成了完整的农产品精深加工产业链条。郓城华宝食品创造了
从玉米订单种植到生猪无公害养殖、再到屠宰深加工，最后到全程冷链
物流配送至终端百姓餐桌的农业产业融合发展模式，涵盖了农业、工业、
流通业、商业四大领域，产业价值链得到了最大限度拉长延伸，产业融
合带动作用十分明显。

（3）积极推进物流配送立体化。大力扶持连锁经营、直供配送等新
型流通业态发展，鼓励大型零售企业加快生鲜食品配送中心建设，建立
第三方物流冷链配送服务中心，最大限度降低流通成本、提高流通效率。
一方面，积极引导建设跨地区、跨行业的农产品物流配送体系，从同城
配送延伸到了异地快速配送。曹县喜地实业有限公司以冷产、冷运、冷
储、冷销全程不断链供应，实行标准化、信息化、智慧化运行，实现了
生产者、经营者、消费者全产业链供应管理，现有冷链物流园区面积 20
万平方米，冷库仓容 10 万立方米，农产品批零大厅 10 万平方米，农产品
配送中心 3 万平方米，加盟会员店 175 家，形成了蔬菜、果品、水产冻
品、食品、百货综合性物流中心，供应链服务半径达到 300 公里，年供应
链实现交易量 100 万吨、交易额 100 亿元。

二 山东省农村一二三产业融合水平评价

根据上一节构建的农村一二三产业融合度评价测算模型和计算方法，
本节将运用此方法对山东省农村一二三产业融合进行测评分析，其中评价
指标的客观数据获取均来自烟台市、潍坊市、济宁市、菏泽市 4 个地级市
2017 年国民经济和社会发展统计公报，以及 4 个地级市人民政府网站、统
计信息网、农业局网站、《2017 年统计年鉴》等相关资料（见附录 3）。

（一）客观权重计算

因为评价指标 $T1—T17$ 的统计单位和指标性质不同，所以必须对烟
台市、潍坊市、济宁市、菏泽市指标进行无量纲及非负数化处理，从而
使得不同性质指标间具有可比性。本书根据前表 5—7 构建的层次分析方

法，运用 Matlab 7.0 计量软件，得到烟台市、潍坊市、济宁市、菏泽市农村一二三产业融合度评价指标无量纲化处理后的数据。

由表5—16所得数据，根据上一节表5—3模型和表5—9、表5—11计算公式，运用 Matlab 7.0 软件计算可以得到评价指标 $T1$—$T17$ 的熵值及其权重，如表5—17所示。

表5—16　　4个地级市农村一二三产业融合度评价指标标准化处理后的数据

指标	$T1$	$T2$	$T3$	$T4$	$T5$	$T6$	$T7$	$T8$	$T9$
烟台市	0.9386	0.9595	0.9278	0.9665	0.9327	0.9461	0.9132	0.8558	0.8502
潍坊市	0.9252	0.9168	0.9636	0.9296	0.9404	0.9368	0.9295	0.8496	0.8324
济宁市	0.8932	0.8937	0.8747	0.9061	0.8895	0.8836	0.8751	0.7413	0.7697
菏泽市	0.7920	0.8534	0.8538	0.8750	0.8754	0.9597	0.7878	0.7429	0.8986
指标	$T10$	$T11$	$T12$	$T13$	$T14$	$T15$	$T16$	$T17$	—
烟台市	0.9163	0.9295	0.9096	0.7995	0.9247	0.9414	0.9008	0.9176	—
潍坊市	0.9262	0.9331	0.8936	0.7884	0.9674	0.9389	0.9187	0.9301	—
济宁市	0.8724	0.8660	0.8041	0.7765	0.8643	0.8735	0.9060	0.8514	—
菏泽市	0.7712	0.8538	0.7996	0.7160	0.8641	0.8193	0.9247	0.7938	—

表5—17　　农村一二三产业融合度评价指标的熵值及其权重

要素层	权重（%）	指标层	熵值	权重（%）
农业与工业融合度 $F1$	39.9152	农产品加工业投资额与农业投资额之比（%）$T1$	0.3726	8.4446
		农产品加工业总产值占农林牧渔总产值比重（%）$T2$	0.3481	12.7691
		农业产业化经营组织带动农户数占农户总数比重（%）$T3$	0.3523	10.7432
		农产品加工转换率（%）$T4$	0.3675	9.0431
农业与服务业融合度 $F2$	35.6273	农林牧渔服务业增加值占农林牧渔业增加值比重（%）$T5$	0.3473	12.4871
		农产品电商交易额与农业总产值之比（%）$T6$	0.3724	8.1665
		乡村旅游接待人次与农业人口之比（%）$T7$	0.3825	7.3393
		乡村旅游收入与农业总产值之比（%）$T8$	0.3852	6.7823
		农村网店户数与农业人口之比（%）$T9$	0.3926	5.2248

要素层	权重（%）	指标层	熵值	权重（%）
生产要素 支持度 $F3$	14. 1754	土地流转率（%）$T10$	0. 4123	4. 7253
		农民人均用电量（度）$T11$	0. 4212	3. 1659
		农村金融机构贷款余额增长速度（%）$T12$	0. 6349	1. 9293
		农业保险深度（%）$T13$	0. 6772	1. 0761
		省级农民专业合作社示范社数量与农业人口之比（%）$T14$	0. 6852	1. 0327
公共服务 支持度 $F4$	10. 2821	农村居民宽带普及率（%）$T15$	0. 5950	2. 0446
		每平方公里农村公路密度（公里）$T16$	0. 6251	1. 2335
		农业支出占财政支出比重（%）$T17$	0. 4050	5. 6106

（二）复合权重计算

依据前表5—16所得到的各指标主观权重和表5—17所得到的客观权重，运用式（5-12）计算可得到复合权重 λ_i，如表5—18所示。

表 5—18　　　　农村一二三产业融合度评价指标的复合权重

准则层	复合权重	要素层	复合权重	指标层	复合权重
融合的 横向宽度 $N1$	0. 7635	农业与 工业 融合度 $F1$	0. 4106	农产品加工业投资额与农业投资额之比（%）$T1$	0. 0446
				农产品加工业总产值占农林牧渔总产值比重（%）$T2$	0. 1807
				农业产业化经营组织带动农户数占农户总数比重（%）$T3$	0. 1096
				农产品加工转换率（%）$T4$	0. 0757
		农业与 服务业 融合度 $F2$	0. 3529	农林牧渔服务业增加值占农林牧渔业增加值比重（%）$T5$	0. 1783
				农产品电商交易额与农业总产值之比（%）$T6$	0. 0630
				乡村旅游接待人次与农业人口之比（%）$T7$	0. 0202
				乡村旅游收入与农业总产值之比（%）$T8$	0. 0838
				农村网店户数与农业人口之比（%）$T9$	0. 0078

续表

准则层	复合权重	要素层	复合权重	指标层	复合权重
融合的纵向深度 N2	0.2365	生产要素支持度 F3	0.1447	土地流转率（%）T10	0.0366
				农民人均用电量（度）T11	0.0617
				农村金融机构贷款余额增长速度（%）T12	0.0095
				农业保险深度（%）T13	0.0089
				省级农民专业合作社示范社数量与农业人口之比（%）T14	0.0020
		公共服务支持度 F4	0.0918	农村居民宽带普及率（%）T15	0.0026
				每平方公里农村公路密度（公里）T16	0.0194
				农业支出占财政支出比重（%）T17	0.0608

（三）评价值计算

运用上一节中式（5—13）$R = \sum_{i=1}^{m} \lambda_i X_{ij}$ 对复合权重与评价对象的指标数据进行加权计算，就会得到山东省烟台市、潍坊市、济宁市、菏泽市4个地市中各要素层、系统层及目标层的融合度测评数值，如表5—19、表5—20、表5—21、表5—22所示。

表5—19 　　　　　烟台市农村一二三产业融合度评价值

目标层	评价值	准则层	评价值	要素层	评价值
烟台市农村一二三产业融合度	0.6780	融合的横向宽度	0.7269	农业与工业融合度 F1	0.7377
				农业与服务业融合度 F2	0.7225
		融合的纵向深度	0.2126	生产要素支持度 F3	0.2213
				公共服务支持度 F4	0.1964

表5—20 　　　　　潍坊市农村一二三产业融合度评价值

目标层	评价值	准则层	评价值	要素层	评价值
潍坊市农村一二三产业融合度	0.6536	融合的横向宽度	0.6958	农业与工业融合度 F1	0.6897
				农业与服务业融合度 F2	0.7286

续表

目标层	评价值	准则层	评价值	要素层	评价值
潍坊市农村一二三产业融合度	0.6536	融合的纵向深度	0.2108	生产要素支持度 $F3$	0.2356
				公共服务支持度 $F4$	0.1751

表 5—21　　　　济宁市农村一二三产业融合度评价值

目标层	评价值	准则层	评价值	要素层	评价值
济宁市农村一二三产业融合度	0.5748	融合的横向宽度	0.6284	农业与工业融合度 $F1$	0.6714
				农业与服务业融合度 $F2$	0.6245
		融合的纵向深度	0.1845	生产要素支持度 $F3$	0.2271
				公共服务支持度 $F4$	0.1374

表 5—22　　　　菏泽市农村一二三产业融合度评价值

目标层	评价值	准则层	评价值	要素层	评价值
菏泽市农村一二三产业融合度	0.5232	融合的横向宽度	0.6080	农业与工业融合度 $F1$	0.5312
				农业与服务业融合度 $F2$	0.6944
		融合的纵向深度	0.1454	生产要素支持度 $F3$	0.1978
				公共服务支持度 $F4$	0.1076

（四）实证结果分析

在上一节构建农村一二三产业融合度评价指标的基础上，本节运用熵权层次分析评价模型，实证得出山东省烟台市、潍坊市、济宁市和菏泽市4个地市农村一二三产业融合度评价值。通过分析研究过程和研究结果，可以得出以下结论：

1. 融合的横向宽度是农村一二三产业融合度大小的决定性因素

通过专家赋值和层次分析法确定的主观权重看，在二级指标层面，融合的横向宽度（$N1$）、融合的纵向深度（$N2$）的权重分别为0.8333和0.1667；从熵值法确定的客观权重看，融合的横向宽度（$N1$）、融合的纵向深度（$N2$）的权重分别为 0.7554 和 0.2446；由表 5—18 得到的复合权重看，融合的横向宽度（$N1$）、融合的纵向深度（$N2$）的权重分别为 0.7635 和 0.2365。可以看出，无论是主观权重还是客观权重，融合的横向宽度在测量农村一二三产业融合度水平中权重占比最大，是决定一个地区农村产业融合水平大小的主要因素。

2. 农产品加工业总产值占农林牧渔总产值比重指标对农村一二三产业融合度评价影响最大

从指标层的总排序权重表来看，排在前 3 位的分别是农产品加工业总产值占农林牧渔总产值比重（$T2$）、农林牧渔服务业增加值占农林牧渔业增加值比重（$T5$）、农业产业化经营组织带动农户数占农户总数比重（$T3$），主观权重依次为 0.2362、0.2225、0.0921；从客观权重看，指标层的权重排序前 3 位的是农产品加工业总产值占农林牧渔总产值比重（$T2$）、农林牧渔服务业增加值占农林牧渔业增加值比重（$T5$）、农业产业化经营组织带动农户数占农户总数比重（$T3$），客观权重依次为 0.1277、0.1249、0.1074；从得到的复合权重看，排在前 3 位的依然是农产品加工业总产值占农林牧渔总产值比重（$T2$）、农林牧渔服务业增加值占农林牧渔业增加值比重（$T5$）、农业产业化经营组织带动农户数占农户总数比重（$T3$），复合权重分别为 0.1807、0.1783、0.1096。可以看出，在指标层 17 个评价指标中，农产品加工业总产值占农林牧渔总产值比重占比最大，是影响农村一二三产业融合度最大的指标。

3. 农业与服务业的融合有待进一步提高

对比研究发现，农业与服务业融合度（$F2$）低于农业与工业融合度（$F1$）。从 4 个地市的融合度评价值看，不管是融合度较高的地市还是融合度较低的地市，农业与服务业融合度也普遍低于农业与工业融合度。分析其原因，这与当前所处的经济阶段有关，但从目前人们对农业农村的需求与产业结构的逐步高级化发展趋势看，农业与服务业的融合还有很大的提升空间。

4. 山东省农村一二三产业融合水平区域差距较大

可以看出，山东省烟台市、潍坊市、济宁市和菏泽市 4 个地市的农村一二三产业融合度评价值分别为 0.6780、0.6536、0.5748、0.5232。说明了处于经济较发达的烟台市、潍坊市农村产业融合的程度明显高于位于山东省西部的济宁市和菏泽市，省域范围内农村产业融合水平差距较大，这也与现实经济发展情况相符。分析其差距的原因，主要在农业与工业融合、农业与服务业融合的横向宽度差距上，融合的纵向深度上差距并不大。都属于经济条件较好的烟台市和潍坊市对比看，烟台市的农业与工业融合好于潍坊市，但潍坊市的农业与服务业融合好于烟台市，两市各有特色。经济条件较差的菏泽市与经济条件较好的烟台市对比看，不仅农业与工业融合、农业与服务业融合的横向宽度差距较大，生产要素支持度、公共服务支持度也有一定的差距，这说明造成区域农村一二三产业融合水平差距的原因还与土地流转率、农民人均用电量、农村金融机构贷款余额增长速度、农业支出占财政支出比重等因素有关。

5. 农村一二三产业融合的评价指标选取较为合理

为增强评价指标与农村一二三产业融合度的相关性、可比性，尽量选用了一些强度指标和相对指标，抛弃了一些绝对指标。因此，从各个指标的权重排序看，层次分析法得出的各个指标主观权重排序与熵权分析法得到的客观权重排序基本一致。这一方面说明了本书在评价指标的选取上相对合理，并具有一定的代表性，能够比较客观真实地反映农村一二三产业融合的大体水平；另一方面也说明了对评价指标的设置及其权重问题所发放给学术界、产业界及其政府机构等相关领域专家的调查问卷科学有效。

第六章　农村一二三产业融合的经济绩效

从近几年我国农业农村的发展变化看，城乡之间相互的要素流动在提速，农村一二三产业之间相互融合发展是其重要体现。这种农村一二产业融合对经济社会带来了多重变化，同时也形成了经济、社会、生态等多重效应。本章主要就融合产生的经济效应从宏观和微观两个角度进行研究。

第一节　农村一二三产业融合的宏观经济效应

一　推动经济增长效应

（一）经济增长效应的学理分析

日本学者今村奈良臣的六次产业理论认为农村产业融合能够产生"1+2+3＝6"的效果，指的是整合一产的产前、产中、产后各产业链，通过各环节的融合，催生出新的产品和新的产业来，这种效应也被称之为加法效应。"1×2×3＝6"指的是把一二三产业进行跨界横向融合，从而催生出新业态和新功能，这种效应也被称之为乘法效应。在农村一二三产业融合的过程中，加法效应和乘法效应同时存在，实现价值增值。为了从学理上对农村三产融合促进经济发展做出解释，本书引入生产可能性曲线，对加法效应和乘法效应进行机理分析。

假设在有限的资源和技术条件下，同时产出两种产品，分别是高附加值产品和低附加值产品，其生产可能性曲线如图 6—1 所示，A 点表示社会生产并没有达到价值最大化的两种产品组合。加法效应可以使得生产可能性从 A 点移动到 B 点，从而实现两类产品生产数量的最大化，也就是高附加值产品比低附加值产品的数量更多。同样，乘法效应可以使得生产可能性从 B 点移动到 C 点，生产可能性曲线外移，更加使得高附加值的产品数量增加，低附加值的产品数量减少。

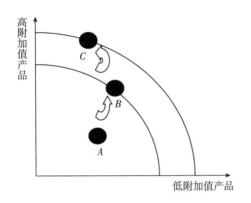

图 6—1　农村三产融合使得生产可能性边界外移

（二）新产业推动经济增长

上述学理分析可以得出，加法效应可以延长产业链，使得农业经营主体更加多元化。同时，农村一产与二产、一产与三产之间的跨界融合催生出了很多新的产业，像近几年发展比较迅速的乡村旅游业和民宿行业，都是农村产业融合发展的产物。本书第四章提到的山东省"新六产"是个典型代表。随着我国人均可支配收入的不断提高，休闲农业与乡村旅游行业市场规模也得到快速发展。据统计，"十二五"时期我国乡村旅游接待人数和营业收入年均增速均超 10%。到 2017 年，休闲农业和乡村旅游各类经营主体已达 33 万家，比上年增加了 3 万多家，全国乡村旅游超 28 亿人次，休闲农业和乡村旅游经营收入超过 6200 亿元，整个产业呈现出"井喷式"增长态势，如图 6—2 所示。

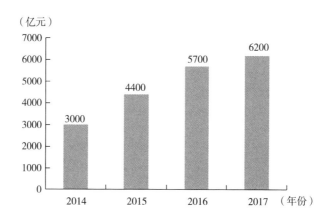

（亿元）

图 6—2　2014—2017 年全国休闲农业和乡村旅游经营收入

随着乡村旅游的兴起，乡村民宿行业的需求也越来越大，与传统的酒店业（主要星级酒店，用户群集中在与公务商旅有关的公务官员和企业人士，且往往是公务消费）不同，民宿的消费群体则是以家庭为单位的个人，大部分是自己买单，个人付款是主流，并且消费者年龄显著年轻化，20—40 岁是消费主体。国内的民宿行业自 2011 年启动，经过 6 年发展，已经进入发展期。近三年来，民宿市场的增长率一直保持在 60%以上，2017 年市场交易规模预计突破 120 亿元。以浙江德清县为例：2016 年，德清县乡村旅游接待游客 558.4 万人次，同比增长 21.2%；实现营业收入 16.7 亿元，同比增长 35.8%。其中 100 多家特色民宿接待游客 34.8 万人次，同比增长 20.8%，其中境外游客 10.8 万人次，直接营业收入 4.5 亿元，同比增长 28.6%①。

———————

① 中国经济网：《2018 中国民宿行业市场前景研究报告》，http：//www.ce.cn/culture/gd/201804/08/t20180408_28747634.shtml，2019 年 1 月 6 日。

（三）新业态推动经济增长

农业业态是指农业产业组织或产业活动单位为满足市场对不同农产品和服务的消费需求，把现代农业生产经营所涉及的多元化要素进行组合，而形成的不同农产品（服务）、农业经营方式和农业经营组织形式所呈现的形态。近几年，我国农业产业化逐步向纵深发展，农业产业化分工也越来越细，并且与其他产业融合发展的趋势不断加速。在此过程中，特别是新型农业经营主体和新技术、新信息之间的融合，催生了很多农业新业态。这种农业新业态，其内涵可以概括为，农业经营主体为了满足消费者对农产品和服务的新需求，超越传统农业的单一经营模式和产品，将农业与其他产业相互融合，从而不断创新推出农业新产品（服务），并且能够持续成长与稳定发展，从而达到一定的经营规模的新型农业产业业态。

在所有新业态中，农村电商是农村产业与互联网产业融合发展的代表。这种新业态解决了广大农村地区农业公益服务和农村社会化服务供给不足、资源分散、渠道不畅、针对性不强、便捷性不够等问题，特别是在一定程度上解决了农产品难卖问题。农村电商的发展一方面使得城市服务产业得以"下乡"，又使得农村产品得以"进城"，城乡生产要素双向流动，实现三产服务业和一产农业的融合发展。这个融合过程，最大的意义还在于这种"互联网+农业"模式减少了农产品流通环节，节约了物流成本，把更多的利润增值环节留给农户，让广大农户获得更多的利益，增加了农民收入。农村电商的发展呈现爆发式增长趋势，规模经济和集群效应不断显现，尤其以"淘宝村"为典型代表。据统计，2017年，全国农村网络零售额达到12448.8亿元，同比增长39.1%；农村网店达到985.6万家，较2016年年底增加了169.3万家，同比增长20.7%，带动就业人数超过2800万人[①]。新产业新业态加快发展，已经成为农业

---

① 国家发改委：《农村一二三产业融合发展2017年度报告》，第96页。

农村发展新活力和新动能的重要来源，如图6—3所示。农村电子商务已经形成东中西部竞相发展，农产品、农业生产资料、休闲观光农业电子商务协调发展的局面，2017年东部、中部、西部、东北农村分别实现网络零售额同比增长33.4%、46.2%、55.4%、60.9%，在线旅游、在线餐饮对农村网络零售额增长贡献率分别达到21%和17.2%[①]。

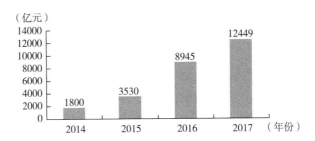

图6—3　2014—2017年我国农村网店零售额

　　根据阿里研究院报告显示，淘宝村数量增长迅速，2018年全国达到3202个，与2017年的2118个相比，新增1084个，"相当于每周新增20个淘宝村"。2018年全国淘宝村网店销售额达到2200亿元，在全国农村网络零售额占比超过10%，进一步带动了超过180万个就业机会。以江苏省睢宁县为例。睢宁全县有66万人劳动人口，21万人是网销和网购家具产业的就业人口，大概1/3的人口与电商有关。2017年睢宁县GDP为560亿元，电商销售额达到216亿元，电商在睢宁县经济增长上的作用举足轻重。电商促进了睢宁县农民收入的增加，农民超过50%的收入增加都来自于电商。

二　优化资源配置效应
　　我国过去几十年的农业发展模式，一直是在增产导向下进行生产的，

　　① 阿里研究院：《2018年中国淘宝村研究报告》，http：//www.aliresearch.com/ch/information/informationdetails？articleCode=21853&type=%E6%8A%A5%E5%91%8A，2019年2月25日。

这种发展模式使得我国在很快的时间里解决了十几亿人民吃饱肚子的基本问题，取得了很大的成就。但是，这种发展模式所付出的代价也是很大的。在 20 世纪 80 年代，全国土地的化肥使用量不足 800 万吨，到了 2017 年，全国使用的化肥已经超过了 5900 万吨。据统计，我国粮食产量占世界的 16%，化肥用量占 31%，农作物亩均化肥用量 21.9 公斤，远高于世界平均水平（每亩 8 公斤），是美国的 2.6 倍，欧盟的 2.5 倍。长期的"带病生产"让土地出现了严重的"过劳"问题，有机肥减少，加重了土壤板结与污染，导致土壤质量有下降与退化的趋势，土壤有机质含量仅为世界平均水平的一半。还有我国每年 180 万吨的农药用量，有效利用率不足 30%，多种农药造成了土壤污染，甚至使病虫害的免疫能力增强。不断加剧的农药使用，对于环境、农地粮食和食品残留带来非常严重的问题。可以说，农业的生态环境系统面临的挑战和压力前所未有，农业的生态环境已经难以承受当前这种生产方式。

当前，中国特色社会主义进入新时代，我国社会主要矛盾已经转化为人民日益增长的美好生活需要和不平衡不充分的发展之间的矛盾。要满足人民不断增长的美好生活需要，需要在改变原有的生产方式，运用现代技术改造传统农业，通过拓展发展空间，提高科技含量来优化资源配置。农村产业融合发展，通过现代生物、信息技术向农业领域的渗透融合，使农业领域广泛应用生物育种、无土栽培、农业滴灌、信息管理等现代农业技术成果。通过动植物品种改良，减少了农业生产对自然资源环境的依赖；通过应用现代信息技术，提高了农业经营管理水平，降低了农业资源消耗。建立在生物链原理之上的种植业、养殖业、畜牧业等融合形成的生态农业，实现了农业废弃物循环利用，提高了资源使用效率。农业与相关产业融合，促使农业发展由粗放型转向集约型，缓解了农业发展的资源约束，促进了农业高产、优质、高效及可持续发展。同时也极大地开拓了传统农业的发展空间，正在消除城乡之间、一二三产业之间的隔阂和界限，彻底改变着农村资源要素的配置方式和配置效率,给农业农村发展注入了新的生机和活力。

三 优化生态环境效应

面对长期以来我国农业的粗放式发展,面对资源约束趋紧、环境污染严重、生态系统退化的严峻形势,党的十八大提出了社会主义生态文明建设的重大任务。生态文明昭示着人与自然的和谐相处,意味着生产方式、生活方式的根本改变,是关系人民福祉、关乎民族未来的长远大计,也是全党全国的一项重大战略任务。农业农村作为生态文明建设的重要载体,其地位更高、作用更大。进入新时代,人们对美好生活的需要不仅仅是需要农业提供种类更多、品质更高的农产品,而且还需要农村更清洁的空气、更干净的水源和更怡人的风光。生态保护与产业发展是密不可分的,没有生态资源作为依托,产业发展就是无源之水;没有产业发展作为支撑,生态保护也难以持久。农村一二三产业融合发展就是尊重自然规律,科学合理利用资源进行生产,既能获得稳定农产品供给,也能很好保护和改善生态环境。比如,很多地方发展的休闲农业、生态农业模式,田园综合体和特色小镇的建设等,都是把产业与生态进行有机融合,既实现了经济效益,又实现了生态效益。

农业与相关产业融合发展形成的生态农业,有利于保护农业和农村生态环境。生态农业改变了农业生产方式和农民生活方式,形成了循环农业发展模式。在农村产业融合模式下,农业初级产品生产上,应用现代生物技术生产出的生物农资,包括生物肥料、生物农药、生物农膜、生物能源等环保型农资及其应用,减少了对水、土、气等自然环境的污染。农业产品加工上,现代农业加工技术成果的应用,提高了产品利用率和副产品的再回收利用,减少了农业废弃物的排放。农村居民生活上,使用沼气等清洁能源,以取代农作物秸秆等生活燃料,减少了烟尘等污染物的排放。由此,生态农业改变了传统农业发展模式。传统农业是"投入→生产→消费→排放"的单向物质流动模式,环境污染突出,生态农业促使农业转向了"投入→生产→消费→排放→再投入"的双向、循环物质流动，有利于保护生态环境。农业生产和农民生活方式向绿色、环保方向的改变，循环农业发展模式的形成，有利于保护农业和农村生态环境、实现农业可持续发展。目前，国内一些地区通过发展循环农业，已经成为生态农业发展的典型，实现了经济效益、生态效益和社会效益的有机统一。

农村一二三产业的融合是生态与产出的融合发展，也就是要实现"生态产业化"和"产业生态化"的目标。生态产业化，就是要把绿水青山变成金山银山；产业生态化，就是要在得到金山银山的同时保住绿水青山。比如，很多地方按照"生态+""旅游+"等模式，通过一二三产业融合来做大做强生态产业和旅游产业，发展起来很多生态旅游体验型农业业态，形成了休闲农庄、田园综合体等。这既改善了农业生态系统，增强了可持续发展能力，又通过发掘和拓展农业在历史传承、文化体验、生态保护等方面的多功能属性，把农村农业的生态价值充分释放出来，实现了产业发展和生态保护的和谐共赢。

第二节　农村一二三产业融合的微观经济效应

一　农业产业结构优化效应

农业结构，即农业产业结构，是指在一定地域范围内农业内部各产业部门在一定时期、一定自然环境和社会经济条件下的比例关系。农业产业结构的优化也即农业产业结构的高级化，表现在依据经济社会发展的客观需要，重新配置农业资源，调整农业内部各产业部门的相互比例关系，使得二三产业的比重逐渐提高的过程。比如，由单一的种植业为特征的小农业，向包括农、林、牧、渔业及农副产品加工及服务业在内的大农业转变。农村一二三产业融合通过农业产业链的延伸，提高了以农产品加工业为代表的第二产业产值在地区生产总值中的比重，扩大了农产品加工业在农村经济中的比例。从我国农副产品加工业经营收入数据看，2010 年我国农副食品加工主营业务收入为 3.47 万亿元，2017 年达到了 7.32 万亿元，占农业总产值的比重由 2010 年的 50.01%提高到 2017年的 62.80%。这种变化既是农村一二三产业融合的结果，又是农村工业化的结果。农村一二三产业的融合促进了农村第三产业的发展，第三产业比重的提高是农业结构优化的过程，它改变了农业产业结构单一、农业发展空间相对狭小的不足，扩展了农业产业部门，使农业内部子产业之间的比例关系日趋合理，促进了农业产业结构升级。从第一产业中的服务业发展来看，2010 年我国第一产业增加值中服务业产值为 2535.1 亿元，2017 年达到 5002.3 亿元，其占农业总产值的比重由 2010 年的3.66%提高到4.56%。这其中，特别是农业生产性服务业的发展尤为快速。随着农村一二三产业的融合发展，农业的产业结构不断得到优化，产业整体效益得到不断提升。

二 对农民专业合作社的带动效应

自 2015 年"中央一号"文件提出"推进农村一二三产业融合发展"以来，全国各地都出现了促进三产融合的发展热潮。在此趋势下，农民专业合作社作为农村产业融合的重要组织载体，迎来了大的发展机会。农村产业的融合，需要一定的技术、资金和规模的土地作为条件，传统的小农户限于土地分散、规模小、组织化程度低等情况，很难实现产业的深度融合。而农民专业合作社能够把资金、技术、土地等生产要素整合起来，根据本地特色产业、资源优势，或者规模化发展种植、养殖业，或者大力发展农产品加工业，还可以更低成本地发展农业生产性服务业等。因此，农民专业合作社将会获得更多的对农业生产要素整合机会和更多的政策资金扶持。农村一二三产业的融合对农民专业合作社的带动效应也能够从近几年不断增长的农民专业合作社数量得以体现。据官方统计，截至 2017 年 8 月底，全国农民专业合作社数量有 193.3 万家，平均每个村有 3 家合作社，入社农户占全国农户的 46.8%，农民专业合作社已成为重要的新型农业经营主体和现代农业建设的中坚力量[①]。2009—2016 年，农民专业合作社成员总数处于上升趋势，农民专业合作社对农民的组织带动作用不断增强。截至 2016 年年底，农民专业合作社成员总数达到 10800 万户，平均每户合作社拥有 60 户农民成员，如图 6—4 所示。

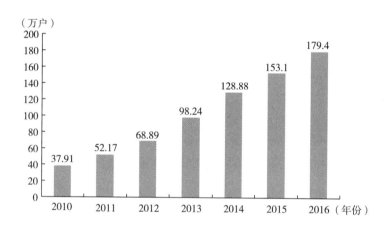

图6—4 2010—2016 年我国农民专业合作社数量

三 促进农民收入增长效应

促进农民增收是推进农村三产融合发展的首要目标，同时也是乡村振兴战略中的重要要求。目前，农民增收面临的制约因素很多，归根结底还是农民就业不充分导致的。特别是人口和土地资源禀赋发生变化，城市产业转型升级，很多过去的劳动力密集型产业被智能化机器人取代，

---

① 安徽财经大学、中华合作时报社：《中国合作经济发展研究报告（2017）》，https://www.sohu.com/a/219624848_465692，2018 年 10 月 9 日。

城市对农业人口的吸纳能力不断减弱，而农业的规模经营又使一部分农业劳动力处于劳动边际效率为零的隐蔽性失业状态。通过开展农村三产融合，可以从农业内部和外部两方面拓展农民就业渠道。从农业外部来看，农村三产融合伴随着规模化机械化经营程度越来越高，因融合所解放的农村富余劳动力并没有全部固化在农业内部进行就业，而是根据农业外部的人力资源市场的需求向农业外部转移，提高了农民的工资性收入。从农业内部来看，一方面，通过三产融合的发展开拓了多样化的农业生产门路，在市场的引导和技术的支撑下，充分利用各种资源，通过发掘农业多种功能促进农业与农村内部各产业部门的分工细化，使农业的外延扩大，农业的内容丰富，促进了新业态、新商业模式的衍生，创造了更多的就业机会。比如，在农村三产融合过程中，伴随着农业规模经营和机械化程度提高，农业劳动力可以在季节性生产的种植业领域向棚室生产、畜牧养殖转移，起到降低隐蔽性失业的作用；或者从大田作业转向棚室生产，增加了就业用工；另一方面，农村三产融合过程中，农业在向二三产业的延伸形成了很多新的领域，如农村电商、农产品专营店、农产品物流、农业产业园等，这些新领域为农民提供了很多就业岗位。此外，随着农村三产融合的发展，农业产业链特别是农产品加工业链条的延伸促使农业内部产业结构调整，通过统一购置生产资料、统一农机服务、统一种植品种、统一技术标准、统一加工销售的方式，并且规模种养植、标准生产降低了生产成本、提高了生产效益，从而增加了农民的经营性收入。农村三产融合对农民就业增收的影响也是分阶段的。在融合初期，农业的多种功能尚未得到充分开发利用，融合主要发生在产业结构的优化和农产品加工业链条的延长，为农民提供的本地就业岗位有限，绝大多数农民倾向于寻求农业外的就业岗位以谋求更高的工资性收入。但是随着农村三产融合发展的不断深化，农村三产融合带来更多的分工和细化，促进更多新业态的形成，并能为农民提供更多就业领域，农民更倾向于流转土地，使农民工资性收入和财产性收入都得到增加。据统计，2016 年农民的工资性收入和财产性收入合计已占到农村人均可支配收入的 42.82%，比 2010 年提升了 36.2 个百分点，年均提升 1 个百分点，这反映了农民就业增收的渠道更加多元。

农业与相关产业融合发展，有利于提高农民收入。农业与二三产业融合，使农业生产经营在传统的农业生产环节之外，增加了农产品加工、流通服务等经济环节，农民在从事农业生产的同时，可在农产品加工、销售服务等领域就业，农民不仅可以获得来自生产领域的收益，也可获得来自加工、运输、保管、包装等流通服务领域的收益。比如，农业与高新技术产业的融合，在实现农业增产的同时，还改善了产品品质，降低了生产经营成本，有利于提高农民收入。生物技术对农业的渗透融合，增加了农业产量，改善了产品品质，提高了农产品附加值，并且生产出生物能源、生物制剂等衍生产品，进一步增加了农业产业增值空间，有利于提高农民收入。信息技术对农业的渗透融合，在利用网络等信息技术为农民提供大量农业信息的同时，将农业信息技术产业化，改变了传统的农业生产经营管理手段和管理模式，使农业生产经营管理走向科学、高效，节约了经济资源，降低了生产经营成本，有利于提高农民收入。

第三节　农村一二三产业融合与农民收入增长的实证研究

一　模型构建与变量选取

（一）模型构建

由于影响农民增收的条件有很多，包括农村外界环境以及农民自身发展条件。所以在分析农民增收问题时，选取的指标较为广泛。国内外学者在研究农民收入增长时，从各个角度出发，得出不同的结果。如部分学者研究了城镇化对农民增收的影响，张文丽（2014）等得出城镇化能够加快农民收入的增长，从而制定加快城镇化进程的方式。也有一部分学者在此基础上进一步完善了其他外界条件农民增收的影响，如刘秉镰（2010）等就选取农民收入为被解释变量，解释变量有城市化发展水平、产业化、农业固定投资额、农业产值比，根据线性回归模型结果得出相关条件对被解释变量的作用。

本书基于之前的研究基础，将农村居民人均可支配收入作为被解释变量，引入农村一二三产业融合水平作为解释变量，将第一产业固定资产投资额、城镇化率和地区生产总值作为控制变量。从附录 3 到附录 6 可以看出，山东省烟台市、潍坊市、济宁市和菏泽市 4 个地级市的农民收入差距较大，同时从第五章对山东省农村一二三产业融合水平的测量结果看，山东省 4 个地级市的融合水平差距也较大。因此，不同地区农村一二三产业融合水平对农民收入增长呈现明显的差异性。为了分析这一影响，本书依据动态面板数据，构建如下 OLS 实证模型。

$$LNY_{it} = \alpha + \beta LNR_{it} + \sum \beta_i LNX_{it} + \varepsilon_{it} \qquad (6-1)$$

式（6-1）中，Y_{it} 表示农村居民人均可支配收入，R_{it} 表示农村一二三产业融合发展的水平，X_{it} 表示除农村一二三产业融合之外的其他几个控制变量，本书选取城镇化率、第一产业固定资产投资和地区生产总值作为控制变量，是因为这几个变量是影响农民收入的最大因素，这样可以避免变量偏少或解释不全面导致的结果不准确性。ε_{it} 是残差项，α 是常数项，β 是变量农村一二三产业融合水平的系数，β_i 是除农村一二三产业融合这个指标外的其他几个指标的集合，且 $i =$（1，2，3，…，n）分别表示各地级市，$t =$（1，2，3，…，T）表示各个年份。

（二）变量选取

由于农村一二三产业融合是近几年才提出的新概念，为了客观揭示农村一二三产业融合对农民增收的影响，本书选取 2013—2017 年山东省 4 个地级市作为研究对象，对农村一二三产业融合与农民增收的关系进行实证分析研究。考虑到数据的可得性、可量化性以及农民增收影响因素的复杂性，本书选取农村居民人均可支配收入为被解释变量，农村一二三产业融合度为解释变量，同时引入如下控制变量：第一产业固定资产投资额、城镇化率和地区生产总值。

1. 农村居民人均可支配收入

它是指农民可用于最终消费支出和储蓄的总和，也即可以用来自由支配的收入。既包括现金，也包括实物收入。按照收入的来源，可支配收入包含五项，分别为：工资性收入、经营净收入、财产净收入、转移净收入和自有住房折算净租金。计算公式为：可支配收入 = 工资性收入 + 经营净收入 + 财产净收入 + 转移净收入 + 自有住房折算净租金[①]。本书以 LNY 来表示。

2. 农村一二三产业融合度

农村一二三产业融合度为自变量，鉴于该指标无法从现有的文献资料获得，也没有其他可以直接表示的指标。因此，这里就采用本书第五章所构建的指标体系计算可得的数据，用 R 来表示。这也是为什么第五章会设置计算农村一二三产业融合度的原因，这里是对这一计算结果的应用。

3. 城镇化率

城镇化率是指随着社会生产力的发展，经济社会逐渐由农业为主转向为以第二产业或第三产业为主的一个发展过程。在这个发展过程中，农业剩余劳动力的转移以及带来的消费的扩大会影响农民的收入。我们一般用城镇人口的数量与城乡总人口数量的比值，即城镇化率来衡量，用 UBN 来表示。

---

① 可支配收入的定义及算法源自国家统计局《中国统计年鉴》指标解释。

4. 第一产业固定资产投资

通常来看，第一产业固定资产投资额的增减会影响到农村居民人均可支配收入的水平。也就是说，如果对农业或者农村的基础设施等投资越多，相应地就会增加农村居民人均可支配收入。本书用 *FI* 来表示第一产业固定资产投资额。

5. 人均地区生产总值

地区生产总值（GDP）指一个国家（或地区）所有常住单位一定时期内的生产活动的最终成果。它是所有常住单位在一定时期内生产的全部货物和服务价值超过同期中间投入的全部非固定资产货物和服务价值的差额，即所有常住单位的增加值之和。通常用来衡量一个国家（或地区）的经济发展水平。如果人均地区生产总值越高，则说明这个国家（或地区）的经济发展水平越高，相应地农村居民人均可支配收入也会高。本节采用 *LNGDP* 来表示各地级市的人均地区生产总值。

二 数据来源及变量描述

（一）数据来源

本书数据主要来源于 2014—2018 年《山东省统计年鉴》、山东省统计信息网，以及烟台市、潍坊市、济宁市、菏泽市 4 个地级市 2014—2018 年的统计年鉴、年度政府工作报告、年度统计公报、统计信息网、知网数据库及其有关网站等。通过整理得到第一产业固定资产投资额、城镇化率和地区生产总值。由于农村一二三产业融合的概念还比较新，目前的一些统计资料中还没有直接的指标或数据可以衡量，所以本书的农村一二三产业融合水平依然是选用第五章所计算得出的数据。指标数据考虑到数据的可获取性，样本数据选取的是年度指标，时间跨度主要为 2013—2017 年，部分指标的原始数据可以参考本书的附录。

由于不同年份生活水平、消费水平不同，为了消除价格因素的作用，本书用 2013 年为基期运用农村居民消费价格指数对相关指标进行价格平减，把名义数值进一步计算为实际数值。并对模型中的解释变量和被解释变量进行对数化处理，以消除数据中出现的异方差性，同时对解释变量进行扩大处理以更好地反映解释变量与被解释变量之间的相关关系。具体来说，也即是对农村一二三产业融合度、城镇化率、第一产业固定资产投资额和人均地区生产总值同时乘以 100，然后再取对数。

（二）变量描述

为了对数据样本有一个总体的了解，本书利用 Stata 13.0 软件对农村居民人均可支配收入（LNY）、农村一二三产业融合度（R）、城镇化率（UBN）、第一产业固定资产投资（LNFI）和人均地区生产总值（LNGDP）5 个变量分别进行描述性统计分析，如表 6—1 所示。

表 6—1　　　　　　　　　　变量的统计描述

变量名	含义	均值	标准差	最大值	最小值
LNY	农村居民人均可支配收入	5.657413	0.833427	7.519365	3.936681
R	农村一二三产业融合度	0.936584	0.762604	2.329772	0.660786
UBN	城镇化率	1.732652	0.779843	6.846270	1.122565
LNFI	第一产业固定资产投资	2.330078	0.424275	4.623332	1.031714
LNGDP	人均地区生产总值	4.207546	0.720983	7.070854	3.204286

三　实证过程与结果分析

为了使得农村一二三产业融合度对农村居民人均可支配收入的影响更加量化，这里将进一步运用农村居民人均可支配收入（LNY）为被解释变量，选择农村一二三产业融合度（R）为解释变量，第一产业固定资产投资额（LNFI）、城镇化率（UBN）和地区生产总值（LNGDP）为控制变量，对 2013—2017 年山东省 4 个地级市的指标数据做回归分析。

运用 Hausman 检验对上述几个变量进行综合性检验，分别得到在固定效应和随机效应两种效应模型下的计量结果如表 6—2 所示，除此之外，还列出了在几个显著性水平下的检验值。在这两个效应下所计算得出的 R^2 分别为 0.9437 和 0.9416，选择较高的拟合优度对面板回归模型进行计量的拟合效果较好。

表6—2　山东省农村一二三产业融合对农民增收影响的估计结果

解释变量	固定效应		随机效应	
	估计系数	t 统计量	估计系数	t 统计量
农村一二三产业融合水平（R）	0.0586343	（0.49）**	0.831956	（1.28）***
城镇化率（UBN）	0.3127316	（5.21）***	0.0501824	（5.79）***
第一产业固定资产投资（LNFI）	0.0042815	（30.94）***	0.2055617	（19.61）***
地区生产总值（LNGDP）	0.6787646	（2.96）**	0.5649733	（3.01）***
常量	3.3195372	21.5961258	3.6083356	19.1167632
R^2	0.9437	0.9416	—	—
样本数量	20	20	—	—
chi^2	169.02	—	—	—

注：***、**分别表示的是在1%、5%的显著水平情况下。

由此我们可以得出判断，本书的实证分析适合采取固定效应模型来对农村一二三产业融合与农民增收这两者的关系进行综合性的深入研究。根据回归检验结果，得到如下所示的固定效应模型：

$$LNY_{it} = 3.3195 + 0.0586R_{it} + 0.3127UBN_{it} + 0.0043LNFI_{it} + 0.6788LNGDP_{it}$$

$$(6-2)$$

根据前文的实证检验结果和式（6-2）看出，农村一二三产业融合度对农村居民人均可支配收入的相关系数为 0.0586343，这代表着山东省农村一二三产业融合度每增加一个百分点，农村居民人均可支配收入将提高 0.0586343 个百分点，也说明了农村一二三产业融合度越高，融合水平越好，越能有效地增加农村居民人均可支配收入。其原因在于，随着农村一二三产业融合水平的提高，农村产业中的第二、第三产业会不断发展，农业的产业链会被延伸，农产品附加值会被提升，新型农业经营主体对农户的带动作用也会更加明显，农民来自一二三产业的收入会逐步增长。同时，农村基础设施、公共服务以及经营主体间的利益联结机制也会不断完善，这些都将以不同方式、不同方面增加农民收入。这是农村一二三产业融合带来的微观经济绩效，同时也启示我们，农村一二三产业融合是当前提高农村居民收入的重要途径，应以此为突破口，加快推进产业振兴，促进农村产业融合，实现农民增收致富。

第七章　国外农村一二三产业融合的主要经验做法及其政策启示

在我国正式提出"推进农村一二三产业融合发展"之前，一些农业发达国家已经对农村产业融合发展进行了长期实践，并形成了一些较为成熟的模式和政策支持经验，如日本的"六次产业化"、韩国的"农业第六产业化"、法国的"乡村旅游"等。这些国家根据各自农业发展的实际需要，通过出台有针对性、差异化、精准化的配套支持政策，有效推动了农业产业链延伸、产业范围拓展和产业功能转型，实现了产业渗透、产业交叉和产业重组，农村产业融合度大大提高。因此，国外农村产业融合的这些经验做法值得我国学习借鉴。

第一节　国外农村一二三产业融合的主要经验

一　日本农村一二三产业融合的主要经验

1996 年，日本的今村奈良臣教授提出"六次产业化"的概念后，日本政府提出一系列激活农村经济社会发展活力的战略与重大决策。

（一）政府出台系列政策文件推动产业融合

日本政府为了推进农业"第六产业化"的发展，出台了一系列政策性文件，为"六次产业化"提供了制度保障，具体如表 7—1 所示。

表7—1　　　日本政府促进"第六产业"发展的系列政策性文件

时间	出台部门	政策名称	效力和作用
2008 年 12 月	日本民主党内阁会议	《农山渔村第六产业发展目标》	作为农林水产政策大纲，这是日本政府首次在政策大纲中提及"第六产业"
2008 年	日本政府	《农工商合作促进法》	鼓励农林渔业者与中小企业合作，充分利用各自的经营资源，共同开发新产品，拓展新需求，提升农林渔业经营的综合价值
2009 年 11 月	日本农林水产省	《六次化产业白皮书》	"六次产业化"从理论层面到付诸实践
2010 年 3 月	日本政府	《粮食、农业、农村基本计划》	充分发挥农业的多功能性，实现经济、文化和社会的可持续发展，在国家与地方政府分工合作的体制下，通过发展"六次产业化"来增强农村经济活力，改善农村生活条件，维持村落的多功能性
2010 年	日本农林水产省	《六次产业化·地产地消法》	"六次产业化"与"地产地消"① 的结合，是日本推进"六次产业化"战略的核心，成功地激活了当地农业农村的发展

　　此后，农林水产省相继出台了《农山渔村六次产业化政策实施纲要》《农山渔村六次产业化政策工作相关补助金交付纲要》《农业主导型六次产业化准备工作实施纲要》以及《农业主导型六次产业化准备工作补助对象事业以及补助对象事业费》等文件。

　　这一系列文件不仅对日本政府发展"六次产业化"进行了全面规划，而且进一步表明日本政府已经将"六次产业化"的发展放在推动农业发展，增强农村发展活力的战略性地位。

---

　　①　"地产地消"是日本在 1981 年提出来的概念，当时日本的食品行业面临很多危机，国民对农产品的质量很是担忧和怀疑。此时的日本在农业生产技术上有了很大进步，农业发展进入了高附加值的阶段，国民由重价格的时期在向重品质的阶段过渡。于是日本政府开始鼓励本地农产品在就近或本地消费的理念，这样既有利于保持食品的新鲜度，又能节约运输费用，减少能源消耗。

（二）设立自上而下的政府机构

为了保证农业"六次产业化"战略有效落实，更好地为"六次产业化"提供管理和服务，日本政府自上而下成立了推进机构。日本农林水产省前后共设立了十几个部门，涉及农林渔牧业的各个环节。如最高机构：内阁官房，负责农、林和渔业等基本政策的制定；统计局，负责提供农业、林业和渔业政策制定所需的信息并加以处理和分析；消费安全局，负责为消费者提供有关农产品质量安全的准确信息，对农产品的生产环节进行质量安全管理，保证农产品从农田到餐桌的一路安全；农林水产技术会议，即农业、林业和渔业研究委员会，负责保障食品稳定、安全、高品质的供应，对涉及农业、林业和渔业的各种问题提供支持，规划和促进研究开发的重点实施和推广。各都道府县吸收农政局、经济产业局、财务局、运输局、农协、工商团体以及推广组织等组建"六次产业化、地产地消推进委员会"。市町村也同样设置了"市町村六次产业化、地产地消推进委员会"，主要由市町村、农林渔业者、农协、渔协、森林组合、市町村农业公社、观光协会、工商会议所和金融机构等组成。2013 年 1 月，日本政府与民间组织共同出资成立了"株式会社农林渔业成长产业化支援基金"（英文简称 A-FIVE）。该基金主要是对农林水产业者与其他产业者共同出资推动的农业"六次产业化"给予资金及经营管理上的协助。

（三）设置多种专项政策，为"六次产业化"提供支持

1. 财政、税收、金融等政策支持

日本农业属于小农经营，农户比较分散，农户难以负担"六次产业化"所需的巨额投资。因此，为了推进"六次产业化"的顺利开展，日本政府通过财政进行补贴，财政补贴采取定额补贴和比例补贴两种方式。得到认定的"六次产业化"经营主体均可以获得补助金、贷款以及投资 3 类财政资金支持，但获取资金规模及获取条件不同。日本对"六次产业化"涉及的主要环节都有专项资金补贴，补贴主要用于支持"六次产业化"的

业务商谈会议费、新技术和新产品的开发费用、加工和销售场所扩建费用、加工机械费，等等，农林水产省对每项补贴都设置了详细的标准。

在税收方面，政府对农协的各项税收均比其他法人纳税税率低 10% 左右。农协经营着日本国内所有农作物从产前、产中到产后的所有环节以及其他所有的涉农业务，能够在一定程度上整合区域间资源及其农业产业链，促进区域间经济协同发展，是日本推进农业"六次产业化"的重要抓手。因此，日本政府对农协的支持力度较大。

在金融方面，日本对农林渔业经营者新业务的开展给予大力的贷款优惠政策。农林渔业者申请获得的无息农业改良贷款期限可以从 10 年延长至 12 年，中小企业可以申请最高额度为 7.2 亿日元、利率为 1.2% 的新事业活动促进贷款，且无担保信用额度可以从 8000 万日元提升到 1.6 亿日元。同时，日本通过成立"农林渔业成长产业化支援机构"，由国家和民间企业共同出资成立投资基金，支持农林渔业者投资发展"六次产业化"。支持的方式主要有三种：①以政策补助金的形式资助农林渔生产者，最高可将其经营资本扩大至自有资本的 2 倍；②以贷款的形式资助，最高可将其经营资本扩大至自有资本的 5 倍；③以股权投资的形式给予最长 15 年的投资支持，最高可将其经营资本扩大至自有资本的 20 倍。

2. 人才与技术支持

让农业获取二三产业的部分增值价值，使农民和农业摆脱日益衰落的现状，实现跨越式发展，不仅要培育多元化的"第六产业化"人才，而且还建立专业的、综合的培训体系，给农业经营主体提供技术、管理、营销等方面的知识和技能，向加工、销售、服务等方面的产业延伸，培育跨产业、懂技术、善经营的复合型人才。为支持"六次产业化"持续与创新发展，日本农林水产省农林水产技术会议制订了"农林水产技术研究计划"，主要从以下几方面开展支持：首先是推进创新性技术的开发和保护，包括培育新品种技术、环保技术、抑制温室效应气体排放的技术等；其次是建立全国农业科研实验网。日本科研布局范围广，几乎覆盖了整个农业区域，中央与地方政府都设有完善的农业科研和试验机构，明确各部门分工并相互协作、配合，形成全国性的科研试验网；再次是科技推广普及。为保证农业科研成果能在各地得到应用和推广，日本充分利用科技专家等各领域人才，在各地方的农业试验场进行试验，鉴定其是否有推广价值并决定是否推广；最后，积极发展农业教育。日本的普通高中就开设农业教育课程，并设置多种农业技术人员和农民进修培训机构。一般的综合大学都有农学部，培育高素质的农业人才。

二 韩国农村一二三产业融合的主要经验

韩国对于"农业第六产业"的定义是以农村居民为中心，以农村现存的有形、无形资源为基础，将农作物和土特产（第一产业）与制作、加工（第二产业）和流通、销售、文化、体验、观光等服务（第三产业）相结合，创出新附加价值的活动。韩国加入 WTO 和自由贸易协定后，面临着双重压力，农产品市场开始向世界开放，也有大量的农产品进口到国内，在这些国家竞争压力下，国内农产品价格逐渐下降，造成大量从事农业生产的人员失业，国内农民收入随之减少，传统农业产业规模逐渐缩小。在这种背景下，韩国提出了"农业第六产业化"的发展思想。为了提高农业产业发展质量，延伸了农业产业链，扩展到工业和服务业领域，从而解决了农村劳动力就业、农民增收问题和农产品质量安全问题，为推进韩国农村产业融合打下了基础。

（一）健全扶持政策及法律制度

自 2000 年年初开始，韩国"农业第六产业化"相关政策是由中央政府部门（包括农林畜产食品部、农村振兴厅、产业通商资源部、中小企业厅 4 个部门）和地方政府部门（主要是各省级行政区主管部门）相互协作和互补制定的。2013 年，韩国出台《农业产业化推进计划》，旨在继续挖掘农业内部潜力，提高农业发展活力。韩国政府在《农林食品科学技术育成中长期计划（2013—2022）》中提出，未来 10 年内农林食品产业的附加值年均增长 3%。2013 年 10 月，韩国农林畜产食品部为了促进"农业第六产业化"，出台了《农业农村及食品产业发展五年规划（2013—2017 年）》，主要内容包括强化农产品产业竞争力，充足地供给安全农产品，增加农民收入和稳定经营风险，以"自主、自立、合作"理念提高农民生活质量和构建智能农业政策体系五大方面。此外，还以产业园区带动农业产业发展，加强对农村体验等旅游服务质量，对附加值较高的项目扶持和政策支持，支持农工商融合型先导企业的培育和服务定制，进而不断推动农村产业融合发展。

韩国政府为了推进"农业第六产业化"发展，制定了一系列相关法律制度。2010 年和 2011 年，韩国农林畜产食品部先后颁布了《传统酒等产业振兴法》《饮食服务业振兴法》《泡菜产业振兴法》。2013 年 10 月 30 日和 11 月 14 日，韩国国会分别提出了《农村产业培育及支援的相关法律提案》和《农民等经营体的农村复合产业促进及支援相关法律提案》。2014 年 5 月 2 日，韩国国会上通过了韩国农林畜产食品部制定的《农村融合和复合产业培育及支援法》，意味着有关"农业第六产业化"法律正式形成。这些法律政策的颁布很大程度上促进了韩国农村产业融合高质量发展，推动了韩国农业向复合化和专业化方向发展，进而对推进韩国农业产业的深度融合产生了积极作用。

（二）财政投资积极扶持

韩国政府把"农业第六产业化"发展事业作为国家战略计划，为了推进"农业第六产业化"事业发展，细化了各项事业费用，通过严格的认证程序，农业发展项目被政府认定为事业发展对象，将给予相应的财政补助。农业发展项目的认证程序分为 4 个阶段，即申请阶段、经营体认定阶段、制订详细计划及实施阶段、调拨资金阶段。

负责财政补助的政府部门包括农林畜产食品部、农村振兴厅、山林厅等 17 个中央政府部门、8 个省级地方政府以及 1 个直辖市，对金融、咨询、教育培训、出口、研究开发、申请认证及评价、事业及设施支援、营销及品牌设计、体验观光和地区开发共 10 个方面进行补助。财政补助方式包括直接补助和贷款两种方式。在补助方面，主要有全额补助、一定数额补助和事业费不等比例补助 3 种方式。在贷款方面，主要以低年息的不等比例贷款、不等年限的全额贷款以及几年后再还贷款 3 种方式。因此，不同的经营体及农业发展项目可以享受适合自己事业发展的财政补助，更加具有针对性、精准性和灵活性。

（三）重视技术研究及开发

韩国政府高度重视产业融合技术研究，强化技术研究和产学研结合，为产业融合提供技术支撑。在有利于加强国际竞争力，有利于创造新的增长点，有利于稳定粮食供应和有利于提高国家福祉 4 个关键领域，选定了 50 个核心技术，作为国家重点项目，重点投资。开展与高校与研究机构的合作交流，签订长期合作协议，建立"农工商+政产学研"合作模式。确立了产业融合技术研究方向：开发生产更加节约能源的技术，降低生产成本；开发高附加值食品产业核心技术；开发效率高、环境友好的前沿生产技术；大力发展创新的、挑战性的、处于瓶颈期的技术；开发国际化战略品种和有望能成为新兴增长点的技术。

三 法国农村一二三产业融合的主要经验

第二次世界大战前，法国是典型的自给自足的小农经济社会。"二战"后，法国加快了城镇化发展进程，大量农村人口涌向城市，导致法国出现了农村空心化、人口老龄化、城乡人口失衡等问题，影响了法国农业的持续健康发展。为此，法国政府开始实施"领土整治"，将土地集中进行规模化、产业化经营。在"二战"后 40 多年的短暂时间里，法国就成功实现了传统农业向现代农业的转变，成为世界第二大农产品净出口国和第一大食品加工出口国，跃进世界上农业最发达的国家之列。法国农业产业融合发展的经验对于促进当下我国传统农业向现代农业的转变，探索适合中国实际情况的农业现代化发展道路，具有一定借鉴意义。

（一）土地集中整治

在法国农业现代化转型过程中，面临的第一个突出矛盾就是人多地少、土地分散和农场经营规模小。为此，法国政府设立"调整农业结构行动基金"和"非退休金的补助金"，鼓励到退休年龄的农场主退出土地。组建"土地整治与农村安置公司"，对从私人手中买进的低产田以及小块分散土地集中连片整治成标准农场，然后低价出售给有经营能力的中型农场的农场主经营。通过一系列的措施，参与并引导土地所有者集中土地，促进了农场经营规模的扩大，为法国产业集聚提供了基础条件。在土地集中的基础之上，法国根据国内的各区域的自然条件、历史习惯、技术水平和生产结构变化，以突出优势农产品为重点对农业产业空间分布进行统一规划，形成了各具特色的农业产业区域化布局，将全国共分为 22 个农业大区，其下又细分出 470 个农业小区，并在区内形成了一批具有竞争力和国际知名度的产业带。

（二）拓宽农业产业链

20 世纪 50 年代以来，随着生物技术、新材料技术和电子信息技术等的迅猛发展，法国一方面将农业生产、食品加工、商品流通、信息服务、金融支持等产业融为一体，实现农业产业纵向融合，打造了一条农产品生产、加工、营销各环节紧密相连的产业链。使农业产业从纯农产品生产领域延伸到加工和服务等领域，达到纵向空间增值的目的，提高了农业产业的竞争力；另一方面通过农业产业与生物技术、新材料技术和电子信息技术等的横向融合，形成了精确农业、工厂化农业等高科技型农业，不仅拓宽了农业产业链，增加了农业产业的横向增值机会与增值空间，重要的是为农业产业的发展提供了更广阔的发展空间，很大程度上改变了法国传统农业的弱质性、低价值、效率低的性质，大大地提高了法国农业生产的效率和农业产业竞争力。

（三）提高农业生产的专业化、组织化

法国农业生产的专业化是指原来由一个农场完成的所有工作，包括产前的生产资料供应，产中的耕地、播种、施肥、灭虫、除草、收割等，产后的筛选、包装、运输、加工等，以及全程需要的技术、信息等部分，分别由农场或农场以外的各个专业化企业来承担和负责其中的一个环节。高效益的产业结构和工商企业广泛参与的集约经营，形成了以牧为主、农牧结合，并形成种植业、畜牧业、林业、渔业多种经营的格局，提高了农场作业专业化生产水平，既有大型企业集团和跨国公司从事食品加工、制造、储运、保鲜等经营活动，又有大型农产品批发市场、超级市场和餐饮连锁店从事食品营销服务，还有中小工商企业参与餐饮服务，它们实行资本集约、技术集约、智能化生产，使得农业产业表现出很强的竞争能力，进而提高了农业效益。

法国农工商联合体是在专业化基础上发展起来的农业与工业及其他产业部门紧密结合的现代农业生产组织形式。它把大公司或企业集团为组织领导者的工商企业居于主导地位，完全掌控产品的数量、质量和价格，并引导一体化农场提供符合市场需求的产品，以确保农工商联合体企业的整体利益。同时，通过合同、契约等形式保证一体化农场产品的销路和农工商联合企业应得收入，并及时提供先进的生产工具、必需的生产资料、准确的产品市场信息等，以提高农场生产技术和经营管理水平，从而提高一体化农场的生产经营效率，反过来又会促进一体化组织中工商企业的发展，最终实现一体化企业联合体的共同发展。法国农工商联合体还可以组织各种类型的农业合作社，引导农户与合作社之间按年签订合约，农民只负责生产环节，合作社办理其他事项，合作社社员按对应的份额共同承担风险。经过几十年的发展，法国农户基本上都成了合作社社员，农业合作社的农产品占据了市场绝大多数的份额。

第二节　政策启示

从日本、韩国和法国发展农村产业的经验做法中，可以得到推进我国农村一二三产业融合发展的几点启示。

一　高度重视政府的政策引导作用

在推进农村产业融合发展中，政府的职责是通过规划引导、土地管制、财政税收、金融保险、科技人才、市场监管、环境保护等政策措施，创造良好的外部条件和制度环境，支持农村产业融合发展。

（一）重视对农村产业融合的规划

从日本、韩国发展"六次产业化"的经验中，可以得出规划的重要性，同时也表明政府已经将"六次产业化"的发展放在推动农业发展，增强农村发展活力的战略性地位。通过科学规划，从增加农产品附加值、区域合作、资源环境等方面入手，对"六次产业化"的未来发展做好全面部署。在科学规划基础之上，制定相应的政府纲要，出台一系列政策性文件。我国在农村产业融合发展过程中，也要做好农村产业融合的全面规划，就像日本的《农山渔村第六产业发展目标》（2008 年 12 月）、《六次化产业白皮书》（2009 年 11 月）、韩国的《农业农村及食品产业发展五年规划（2013—2017 年）》（2013 年 10 月）等。

（二）创新管理体制

为了更好地为农村产业融合提供管理和服务，保证农村产业融合战略的有效落实，日本、韩国等国家政府自上而下成立了推进机构。我国农村一二三产业融合发展涉及诸多部门和机构，需要从宏观上加强统筹协调和规划引导，打破部门分割和行业垄断，为产业融合发展创造良好的制度保障。一是负责农村一二三产业融合发展规划编制、政策制定、信息沟通、区域协调和监督指导，推动形成部门间有效协作机制，整合资源要素，发挥政府宏观指导作用，同时对落实情况进行跟踪分析。二是明确相关部门的职责分工，细化发改、财政、农业、商务、国土、环保、工商、科技、旅游、供销、银行、保险等相关部门的职能分工，明确工作任务，强化责任落实。三是要结合实际制定促进本地区农村一二三产业加速融合发展的具体方案，在因地制宜的基础上，吸取日本的经验，建立适合本地域内农村一二三产业融合发展的认证制度，建立对农业、林业、渔业经营者的准入标准及确定相应扶持政策实施对象。四是创新市场监管办法。制定涉农新产业行业标准，简化前置审批，强化事中事后监管。五是建立完善的评价体系。所有这些管理制度的建立，都是保证农村产业融合规划及战略措施有效落实，更好地为我国农村产业融合提供管理和服务。

（三）出台促进农村产业融合的扶持政策

在政策扶持方面，日本、韩国等国家都提出了侧重点不同的扶持政策及补贴措施，给予本国农村产业融合大力的支持。尤其是日本，与其精细化农业相对应，为了推进"六次产业化"的顺利开展，日本对六次产业涉及的主要环节都有专项资金补贴，不仅确定了补贴用途的各个方面，而且规定了对每项补贴都设置了详细的标准。在我国农村一二三产业融合发展的初级阶段，在财政、税收、金融保险、科技人才、土地流转等方面确定详细的扶持政策尤为必要，更应根据今后发展涉及的方面，细化深化政策扶持的细项，确定适合区域农村一二三产业融合的政策措施。一是加大财政对农村产业融合发展关键设施和公共服务的投入力度；二是在税收方面，给予从事农村一二三产业融合的经营主体税收减免与优惠政策；三是对农村产业融合发展项目用地给予倾斜，提高设施农用地规模；四是推进新技术推广应用，着力培养复合型人才。对农村一二三产业融合发展较好的主体实行奖励政策，不仅能够推动其发展，还可以起到带动作用，吸引更多的主体加速农村一二三产业融合。

二　确立新型农业经营主体的核心地位

农村一二三产业融合发展所需要的土地、资金和技术等资源都是小规模经营农户所不能提供的。只有培育和发展家庭农场、专业大户、农民专业合作社和农业企业等新型农业经营主体，确立新型农业经营主体的核心地位，高度重视新型农业经营主体的引领带动作用，才能真正实现农村一二三产业融合发展。日本"六次产业化"过程中实行多种产业计划，如综合事业计划、农工商合作事业计划等，其经营主体可以是农民或农场主，也可以是农协、合作社、农业企业等，通过不同的经营主体间的合作，有效利用各自的经营资源，提升农林渔业经营的综合价值。法国的做法则是农工商联合体，在经营内容不同的高度专业化农场基础上，从而实现农业生产集约化经营。在确立新型农业经营主体的核心地位中，主要体现的是：高度重视人才、科技等要素的作用，从日本、韩国和法国三个国家的发展经验看，在推动农村产业发展中，都非常重视农村人才的培养，特别是注重新型职业农民的培养和新型农业经营主体的培训。像日本在推进"六次产业化"过程中，非常重视人才在农业与科技融合中的关键作用，并在每个综合大学设立农学部等，高度重视现代科技对农业产业的渗透和科技成果的转化。三个国家的经验与做法带给我们的启示是，在推进农村一二三产业融合中应加快培育新型农业经营主体，鼓励和支持家庭农场、合作社等开展多种形式的产业融合经营体，壮大这些新型农业经营主体力量。

三　建立健全农业社会化服务体系

农业社会化服务体系在农村产业发展中具有非常重要的作用，像日本的农业行业协会、渔业行业协会、观光协会、工商会议所，法国的旅游行业协会等，都在农村产业发展中发挥了公共服务体系的支撑作用。

（一）建立健全多元化社会化服务平台

借鉴发达国家经验做法，我国在推进农村产业融合中，可以依托龙头企业、供销社等生产经营组织，搭建农村综合性信息化服务平台，提供农业物联网、农业移动互联网应用、电子商务、品控追溯、休闲旅游等全程信息化综合解决方案。加强社会化服务平台能力建设，采取政府购买、无偿资助、业务奖励等形式，鼓励公共科研机构、行业协会、专业性服务机构、龙头企业提供社会化服务，建立战略性合作伙伴关系和协调服务机制，创新应用订单式、托管式服务形式。建设农村产权评估与交易平台，围绕农村土地经营权、林权、农村房屋和农业设施所有权、集体建设用地使用权、集体经济组织股权、农业知识产权等，提供信息发布、资产评估和交易服务。

（二）引导服务组织，增强服务能力

现代农村产业发展要求农业生产流通方式的高度组织化，像日本农协、法国工商联综合体以及各类行业协会在组织农业生产、销售等环节发挥了重要的作用。借鉴其经验做法，我国在推进农村产业融合中，可以鼓励龙头企业、科研院所发起成立各类农业产业联盟，引导科技资源向产业联盟倾斜，开展产业联盟科技成果产业化和商业化推广运用；发挥各类农业行业协会的行业自律、教育培训和品牌营销作用，鼓励行业协会开展商业模式推介和示范带动活动，选择质量检测、资质认定、信用评估等重点领域，推进政府部分职能向行业协会转变。实行服务补贴政策，支持发展代耕代收、统防统治、烘干储藏、代购代销等服务业，加大以奖代补力度，鼓励龙头企业、专业合作社、家庭农场等向农村产业融合服务商或系统解决方案供应商转型，推进由卖产品向卖设计、卖服务转变，引导资产评估、商务咨询、融资租赁、检测认证、农业设计服务等中介服务组织发展。

第八章　加快推进农村一二三产业融合的政策建议

第一节　总结性述评

推进农村一二三产业融合发展是建设现代农业产业体系、生产体系和经营体系的必然要求，是培育农村新产业、新业态和新模式的有效途径，是促进农民持续较快增收的重要支撑。产业振兴、文化振兴、人才振兴、组织振兴和生态振兴"五大振兴"的路径，其中产业振兴是首要任务。在我国当前阶段，农村一二三产业融合发展也是产业振兴的重要途径和抓手。本书结合我国农村一二三产业融合发展的形势和问题，研究农村一二三产业融合发展的理论逻辑、理论支撑，形成了系统的分析框架。归纳了我国目前主要的农村一二三产业融合模式及其带动农户增收的效应，构建了农村一二三产业融合度评价指标体系和评价模型，并对山东省4个地级市进行测评。从宏观和微观经济角度对农村一二三产业融合的经济绩效进行分析，并以农村一二三产业融合与农民收入增长之间的关系进行了实证研究。梳理总结了日本、韩国、法国等农业发达国家的先进经验做法，得出对我国农村一二三产业融合发展的政策启示。通过本书的研究，得到以下主要结论：

第一，我国农村一二三产业之间的融合发展非常迅速，出现了很多新模式、新业态。山东省培育的终端型、体验型、循环型、智慧型农业融合模式，也称农业"新六产"，是对农村一二三产业融合的实践探索。通过分析山东省农业"新六产"案例发现，它促进了农村一二三产业间的融合，带动了农民增收和就业，取得了良好的经济社会效果。经过理论梳理和对农村产业融合的动因发现，未来我国农村一二三产业融合路径将沿着三个维度进行融合创新，即纵向上全产业链、全价值链的融合，横向上农业多功能性的拓展和发展农业生产性服务业。

第二，构建并运用农村一二三产业融合度的评价指标体系和测度模型，把山东省烟台市、潍坊市、济宁市和菏泽市 4 个地级市为测评对象。结果表明：融合的横向宽度是农村一二三产业融合度大小的决定性因素；农产品加工业总产值占农林牧渔总产值比重指标对农村一二三产业融合度评价影响最大，农林牧渔服务业增加值占农林牧渔业增加值比重、农业产业化经营组织带动农户数占农户总数比重排在第二、第三位；山东省农村一二三产业融合水平区域差距较大，主要原因是农业与工业、农业与服务业的横向融合存在差距，同时还与土地流转率、农村金融机构贷款余额增长速度、农业支出占财政支出比重等因素有关。

第三，农村一二三产业融合存在宏观经济效应和微观经济效应，宏观经济效应有经济增长效应、资源优化配置效应和生态环境优化效应，微观经济效应有农业产业结构优化效应、对农民专业合作社的带动效应和促进农民增收效应。对山东省烟台市、潍坊市、济宁市和菏泽市 4 个地级市 2013—2017 年的面板数据进行回归检验，实证结果表明，山东省农村一二三产业融合度对农村居民人均可支配收入的影响系数为 0.0586343，即山东省农村一二三产业融合度评价值每增加一个百分点，农村居民人均可支配收入就将增加 0.0586343 个百分点，揭示了农村一二三产业融合度越高，越能有效地增加农村居民人均可支配收入。

第四，通过对山东省 4 个地级市 8 个县（市、区）新型农业经营主体（包括农业企业、家庭农场、农民专业合作社和种植大户等）调查问卷分析发现：土地、资金、人才等生产要素供给不足是制约农村一二三产业融合的主要瓶颈，农业产业链条短、农业多功能性开发不够是农村产业融合深度不够的主要原因，新型经营主体带动能力不足和农村公共服务薄弱影响着农村一二三产业的融合。

第五，通过研究日本、韩国、法国等国家农村一二三产业融合发展的经验做法发现：都高度重视政府的政策引导作用，主要是制定农村产业融合的规划，出台促进农村产业融合的扶持政策，建立完善的法律体系等；都把新型农业经营主体放在农村产业融合的核心地位，并重视农村人才培养和农业科技创新的应用；都建立了完备的农业生产社会化服务体系和多元化的社会化服务平台，拥有强大的服务组织和服务能力。

第二节　政策建议

党的二十大报告指出，中国式现代化是中国共产党领导的社会主义现代化，既有各国现代化的共同特征，更有基于自己国情的中国特色。当前我国推进农村一二三产业融合发展的总体目标是在大力实施乡村振兴战略全面推进乡村振兴、城乡融合快速推进的背景下，借力城镇化对农业消费结构和供给结构的变化，推进农业与其他产业的融合发展，使得农村三次产业结构合理，农业产业链得以延长，农业比较收益和竞争力得以提高，最终实现农民收入的提高。结合本书研究，提出以下政策建议。

一　注重规划引领，促进农村产业合理布局

从长期看，农村产业发展要有科学的规划。必须把农村一二三产业融合发展放在农业农村现代发展、城乡融合发展的背景下统筹考虑产业布局，要以县域为单位，科学规划农村产业发展需要的土地、水电管网

等公共基础设施。

（一）做好农村人口转移或居住规划

党的二十大提出，中国式现代化是人口规模巨大的现代化。我国14亿多人口整体迈进现代化社会，规模超过现有发达国家人口的总和，艰巨性和复杂性前所未有，发展途径和推进方式也必然具有自己的特点。应该充分认识到，促进农业人口向城镇转移，加速推进城镇化仍是农业农村现代化的重要战略。随着农村人口不断向城镇聚集，就需要以县域为单位统筹考虑全区域农村人口的居住用地。从长远看，有的村是肯定要消失的，有的村是肯定要留下的，这就需要政府制定科学规划引导农村人口向一些中心村集中。合并一些人口稀少、基础薄弱，公共基础设施投入产出比较低的村庄，围绕中心镇建设，布局农村人口居住用地。

（二）科学制定产业发展规划

大规模化的种植业、养殖业是农业现代化的趋势和要求，要根据县域特色产业种植或粮食产业生产规划具备一定规模的农业种植基地。要划定农村第二产业发展的农产品加工物流园区，并与第一产业生产、种植、养殖基地的产业布局统筹起来。一定要考虑农业经营主体在产业经营中的交易成本优势，通过规划降低农业企业、合作社等主体的采购、物流等成本，从而打造产业发展优势。按照"三区""三园""一体"①布局思路，分类引导不同产业进产区、进园区。使现代农业集群式发展，通过产业布局的优化，提高空间利用效率，增强农业的综合效益和竞争力。对适宜发展农村第三产业的乡镇、村庄，要注重生态规划建设，按照习近平总书记"两山"理论指导发展，增强产业的可持续性。

（三）做好项目引进、发展规划

现代农业的发展，需要现代企业的介入。企业的引进能够带来先进

_____

① "三区"是指粮食生产功能区、重要农产品生产保护区和特色农产品优势区；"三园"是指现代农业产业园、科技园、创业园；"一体"则是指田园综合体。

的生产要素，有利于改造传统农业生产模式。特别是农村的第二、第三产业，其发展壮大主要方式还是靠大的项目的带动。因此，农村一二三产业融合发展，要做好现代企业的引进，实施大项目带动战略，并提前规划好产业发展布局。

二 延伸农业产业链，推进多层次产业融合

农村一二三产业融合发展最重要的基于农业的产业基础，要围绕农村一二三产业的发展壮大做文章，进而推进产业间的融合。

（一）强化农产品原料基地作用，延伸农产品产业链

促进农村产业融合必须以农产品生产为基础，以农产品产业链延长为目的，依托本地的资源禀赋，打造优势农产品，打破传统农业与工业、服务业相互分离的状态，农产品产业链的延伸使得产业间界限模糊或消失，进而实现产业间融合。例如，依托东北地区农村玉米产量优势，发展农村畜牧业，促进第一产业的内部融合；依托东北地区农村糯米和黄米产量优势，发展黏豆包等特色农产品加工，促进一二产业融合；依托南方部分农村地区柑橘或大枣产量优势，发展柑橘或大枣的生产、加工以及销售，形成产业链，促进一二三产业融合。同时，这种融合模式还可以体现为部分龙头企业与拥有种植生产优势的新型农业经营主体融合，以破解企业优质原料来源难的困境。比如，加快发展现代食品工业。要通过产业链的延长，拓宽价值链。实施主食加工业提升行动，使得"大粮仓"变成"大厨房"。推进传统主食工业化、规模化生产，大力发展方便食品、休闲食品、速冻食品、功能食品。现代城市的需求发生了变化，消费方式也发生了变化，年轻人对成品食品的需求增加。在发展农产品加工业和现代食品产业的同时，还要发展乡村特色乡土产业。

（二）深入推进农产品加工，实施产业链带动

农产品加工业在农村一二三产业融合发展中，具备天然优势，农产

品加工业既连接着加工原料生产，又连接着加工产品市场销售，在农村一二三产业融合发展中处于向前延伸和向后拓展的便利位置，具有农村一二三产业融合发展的内生动力。在发展农产品加工业的途径中，要由传统的加工模式向现代社会的新需求转变。应该看到，现代社会对农产品加工食品的需求越来越向着快消食品、休闲食品转变，比如，胡萝卜原本是一种蔬菜，但现在在美国已成为深受小朋友和女士喜欢的休闲食品，因此对胡萝卜的深加工已俨然成为一种产业。再如，众所周知的"三只松鼠"就是典型的农产品深加工食品营销企业。该企业的成功代表了像各种坚果、可食用的农产品都可以运用现代技术对其改造，改变产品形态，提高附加值。因此，农产品加工业可以做得很大，可以加工的产品也很多，这是农业产业链延伸最能突破的地方。各类农业企业要抓住这一特点，瞄准市场需求导向，创新思路，发展农产品深加工，带动农户发展。

（三）扶持鼓励发展农业新业态

农业新业态是农业多功能性发挥的主要表现形式，一是靠新需求的带动农业新业态的产生，比如像乡村旅游和民宿行业；二是靠新技术的推动，比如像"互联网+农业"、农村淘宝、设施农业等。农业新业态代表着未来农村产业发展的方向，是产业融合重要途径，因此，首先要从新需求寻找培育新业态的突破口，例如，"阳台农业"，即城市的高楼大厦，很多市民在充分利用阳台空间种植一些蔬菜瓜果，既可以对儿童普及农业科技知识，又可以增加生活乐趣，还有可能收获健康绿色的农产品。再如，农业公园的建设就是满足新需求的一种业态模式。其次，要从新技术寻求突破口，特别是现在的移动互联技术，随着智能手机的功能越来越强大，消费者从手机购买的东西越来越多，包括水果等农产品。因此，要充分利用微信朋友圈功能、微信小程序、微信公众号等展开营销。还要推进农村电商和农产品电商的发展。电商是个大平台，任何产业只要与他进行融合，就能进行跨界，形成新产业、新业态。另外，由于电商的功能和作用可以无限延伸，可以把很多相关产业串联在一起，因此要充分发挥其积极作用。

探索"互联网+现代农业"的业态形式，推动互联网、物联网、云计算、大数据与现代农业结合，构建依托互联网的新型农业生产经营体系，促进智能化农业、精准农业的发展；引入历史、文化、民族以及现代元素，对传统农业种养殖方式、村庄生活设施面貌等进行特色化的改造，鼓励发展多种形式的创意农业、景观农业、休闲农业、农业文化主体公园、"农家乐"、特色旅游村镇；利用生物技术、农业设施装备技术与信息技术相融合的特点，发展现代生物农业、设施农业、工厂化农业；支持发展农村电子商务，鼓励新型经营主体利用互联网、物联网技术，在农产品、生产生活资料以及工业品下乡等产购销活动中，开展O2O、APP等新模式。

三　培育多元农业经营主体，构建利益联结机制

（一）培育多元化农业经营主体

在新的农村产业融合的发展模式下，传统的家庭式农业生产经营方式与现代化农业经营方式之间的矛盾日益凸显，因此，农村地区的发展必须以多元化的新型农业经营主体和农业合作组织作为农村产业融合的主体，以满足现代化农业和农村经济发展的现实需求。这种融合模式要求必须以各种不同的新型农村产业融合主体为依托，对土地、资金、技术和劳动力等要素进行集约优化，提高农业资源综合利用水平和使用效率，从而带动农村产业融合。培育多元化农村产业融合主体是我国农村产业规模化的重要途径。

1. 注重农业龙头企业的带动

传统小农囿于经营规模、资金、技术等各方面的限制，很难在推进农村产业融合上发挥大的作用。而新型农业经营主体是发展现代农业的主导力量，具有推进农村一二三产业融合发展的经济实力和主观愿望。

龙头企业具备产业化组织模式，连接传统农业资源，同时又具备较高管理效率和较强市场能力，拥有着理念、资金、技术等先进要素，是农村一二三产业融合的重要推动者。比如，龙头企业在平等互利基础上，与新型农业经营主体签订农产品购销合同，开展订单式合作，通过品牌的力量逆向拉动农产品加工业和种植业发展；或者是新型农业经营主体通过实施规模种养，在经营主体内部实现种、养、加、销的融合。因此，要以基地培育龙头企业，借龙头带动产业化，引领融合发展，进一步加大对龙头企业的引导扶持，发挥其在产业环节融合和资源环节渗透的作用，形成政府搭台、龙头引领的合力，用企业平台促进农村一二三产业融合发展，建立起稳定健康的新型农业生产经营关系，走出农业产业无龙头的局面。

2. 提高农村产业发展的组织化程度

虽然农村一二三产业融合发展，最终是要带动千家万户的农民行动起来，富裕起来，但基于我国目前农户经营规模狭小，传统农户很难在产业融合上发挥大的作用。因此，推动我国农村一二三产业融合发展，必须要把众多传统小农户组织起来，提高农业组织化程度。引导广大传统农户加入合作社，引导农民专业合作社强强联合组建农民合作社联合社，引导土地流向农民合作社和家庭农场，鼓励和支持多种形式的合作和联合。推广"公司+农户""公司+合作社+农户""土地股份合作社+农业职业经理人+农业综合服务""农民+合作社+企业"等新型组织模式，让更多的农户参与农村一二三产业融合发展中来。引导农民专业合作社以多种形式参股龙头企业，引导专业合作组织跨区域联合与合作，鼓励农民专业合作社向加工、物流配送、市场营销拓展，通过政策引导和项目支持解决初级加工关键环节的问题，探索可持续发展模式，延长产业链，增加附加值，提高合作社和农民收入。

(二) 构建农业经营主体间的利益联结机制

农村一二三产业融合发展的最终目的是增加农民收入，让一般农户获得更多收益，保障农民在和经营组织中能够公平分享第一、第二、第三产业融合中的"红利"。因此，不能简单地强调农村产业融合，要建立互惠共赢、风险共担的紧密型利益联结机制，通过利益联结形式的创新，让农民成为产业融合发展的利益共享主体，增强农村产业融合发展的后劲。

1. 构建与产业融合相适应的经营机制

农村产业融合的实质是实现农业的"接二连三"，为加强在这一过程中的利益联结，应构建产业融合相适应的经营机制，可以在农业合作制基础上引入股份制。比如，可以引导农民出资入股，建立股份合作社，以股份合作制的形式进入二三产业，直接获得经营农业下游的收益；农民也可以将承包经营的土地以出租或入股的形式，与投资农业的工商企业共同组建股份合作企业或农业公司，从中获得相应的要素收益。

2. 建立产业融合主体之间的利益联结机制

鼓励工商企业（资本）等经营组织在农业纵向融合中进入适宜的领域，与农民建立利益共同体和共赢机制。将企业经营和家庭经营、合作经营有机结合，与农民建立利益共同体和共赢制。还可以通过优化劳动力、土地、技术、资金等要素配置，引导企业（合作社）、村组织、农民之间建立起更为紧密的利益共同体，充分调动村级组织的自觉性，为村企互动打造良好平台，也为村集体经济注入发展活力。还可以积极探索建立国家支持政策的共享机制，将补贴资金量化给农民后以入股方式参与农业产业化经营，让农民成为股东，获得一二三产业融合发展的更多收益。

3. 创新发展订单农业模式

一方面，引导龙头企业与农户、家庭农场、农民合作社签订农产品购销合同，进一步规范合同内容，严格合同管理，鼓励支持新型经营主体与普通农民签订保护价合同；另一方面，通过农民和企业间签订生产、服务、销售合同，稳固企业和农民之间的利益关系，通过建立监督约束机制，形成稳固的农业生产资料供应、农产品收购、农机农技服务关系，强化违约责任，降低违约率，建立风险共担、利益共享的利益共同体。此外，要积极推广股份制和股份合作制，鼓励有条件地区开展土地和集体资产股份制改革，将农村集体建设用地、承包地和集体资产确权分股到户，支持农户与新型经营主体开展股份制或股份合作制。探索发展以农户承包土地经营权入股的股份合作社、股份合作制企业利润分配机制，并将集体经营性资产折股量化到户，采取"保底收益+按股分红"等形式，让农户以股东身份分享加工、销售环节收益。

4. 推进全产业链对接

探索完善推进官产学研多元利益机制，建立农业产业技术创新和增值提升战略联盟。可以通过试点示范等方式，引导农业龙头企业与基地户之间的对接，从简单的产品收购逐步向育种、种养、加工、营销、物流配送等农业全产业链环节延伸，实现纵向一体化和横向规模化的有机结合。或者充分利用好开展"互联网+现代农业"行动，大力实施信息进村入户工程的有利时机，借力各类涉农电商企业，开拓现有产销衔接渠道，提升农业产业化经营的广度和深度，提高产品附加值，并使产业链增值收益更多地留在产地、留给农民。

四 提高政策支持力度，保障农村产业融合的要素供给

（一）加大农村产业融合的用地供给

推进农村一二三产业融合发展，最基础的工作就是要求土地的集中规模经营。从目前来看，我国农村大部分地区的土地分散化、土地流转率较低，流转方式较为单一。土地流转交易仍处于分散无序状态，从而阻碍了土地规模化经营的发展，这也在一定程度上制约了农村三次产业融合发展速度。为有效促进农村一二三产业融合，必须健全当前农村土地规模经营及其土地高效流转等运行机制。

1. 进一步鼓励并规范土地经营权有序流转

在土地确权基础上，坚持依法自愿有偿原则，鼓励农民流转土地承包经营权。创新土地流转方式，建立完善农村土地承包经营权流转市场，健全流转价格市场形成机制，引导农民以土地承包经营权入股等方式参与产业融合。一方面，地方政府要健全和完善土地流转的相应法律法规，实现土地流转的有序化，充分保障农民合法权益。要鼓励与支持土地股份合作社、土地托管合作社、土地承包经营权托管公司等形式的规模经营土地发展，引导农民以转包、出租、股份合作等形式把土地转移到农业经营大户或企业手上，提高规模效益。以土地资产的盘活，增加农民地租和股份分红收入，实现企业与农户共赢；另一方面，土地流转要从农民自发流转转向市场化流转，坚持市场导向，充分发挥市场在土地流转过程中的杠杆作用。通过土地流转中介机构建立完善的土地流转信息库，将土地流转的供需双方联系在一起，并通过签订标准化土地流转合同规范农村土地流转程序。此外，土地流转形式可以进一步实现多元化创新，以满足土地流转供需双方的多样性需求。

2. 加大农村一二三产业融合土地供给

特别是一些农业深加工企业及储运、冷藏等产业项目对用地需求强烈，呼声较高。可以探索对产业融合发展项目建设用地给予倾斜。对农产品产地初加工、仓储物流、产地批发市场、农产品电商、乡村旅游等农村项目，实行用地计划指标单列。鼓励各地结合本地区土地总体规划修编，将建设用地规模和年度计划指标向农村产业融合发展项目倾斜。在征得农村集体经济组织同意和不改变土地性质的前提下，新型农业经营主体可依法使用农村工矿、学校废弃用地、闲置宅基地等农村集体建设用地和四荒地，发展农村产业融合发展项目。一方面，对于农村产业融合发展示范区以及具有引领作用的重大项目的建设用地，建立报批绿色通道，实行优先供地和审批；另一方面，适当提高设施农用地规模。完善设施农用地政策和管理办法，切实保障新型农业经营主体合理用地需要。适度扩大农业生产设施和附属设施用地范围，将仓储物流、农产品营销、休闲观光农业等项目纳入设施农用地范围。为适应农村产业融合发展的要求，适当提高各类生产设施和附属设施用地标准。对国家确定的农村产业融合示范区和相关重大项目，设施农用地的相对占比和绝对规模上限可适度再提高一些。在土地供给上，还可以在年度建设用地以及通过土地整治新增建设用地指标中，适当安排农业企业的建设用地，有些仓储等设施，有需求无指标，能否在设定用途、时限或不动用混凝土等条件的前提下，根据实际情况灵活处理，尽可能满足其合理用地需求。农村新增建设用地优先用于农村产业融合发展，要在年度建设用地指标中单列一定比例，专门用于新型农业经营主体进行辅助设施建设。

3. 提高农村土地的集中利用程度

农村一二三产业融合发展的农业企业，普遍实行适度规模经营，但更重要的是要提高集约经营水平，提高土地产出率和利用效益。从我国农业龙头企业发展的实际情况看，总的来说集约程度还不算高，加工度、技术含量和经济效益还比较低。提高土地利用的集约度，前提是要严格执行土地利用总体规划和基本农田保护制度，特别是加强对土地用途的管控，不能单纯追求经济效益而擅自变更土地用途。需要使用土地的，严格履行和办理农用地转用审批手续，并加强土地整理和土地改良，提高土地质量和利用效率。

（二）建立农村产业融合的多元化资金投入机制

资金不足是农村一二三产业融合发展的一大瓶颈。要创新发展理念，既要发挥财政资金和扶持政策的引导作用，又要建立多元化的市场投入机制。

1. 继续加大财政资金对农村产业融合发展的引导扶持力度

加大农村一二三产业融合发展的政策扶持力度，可以采取以下办法：一是提高对农产品产地初加工补助标准，让农产品原产地初加工企业用电上享受农用电价格待遇，对其企业税收进行相关减免等优惠政策；二是创新财政补贴方式，新增财政农业补贴资金重点向引领农村一二三产业融合发展的新型农业经营主体倾斜；三是扩大财政补贴覆盖范围，完善农产品流通税收优惠政策，各级财政要把农产品产地初加工和仓储物流、农业资源综合利用、农村电子商务智能终端、节能环保等设备购置以及乡村休闲农业设施改造等纳入财政补贴目录。还可以采取政府购买服务等方式，支持涉农企业、合作社和专业化组织开展良种选育、土壤改良等社会化服务。或者建立财政对产业融合示范县的转移支付制度和探索政府产业引导基金对农村产业融合发展的支持。

2. 降低农村产业融合经营主体的减税标准

扩大农产品加工企业进项税额核定扣除试点行业范围，完善农产品初加工所得税优惠目录，设立农村产业融合引导基金和风险补偿基金。对从事涉农电商、农村互联网金融、智慧农业等新业态、新模式的企业，严格落实减半征收企业所得税、暂免征收增值税和营业税等税收扶持政策，对到农村创新创业的小微企业，进一步降低免征增值税、营业税的标准，扩大享受减半征收企业所得税的优惠范围，允许符合条件的企业加快固定资产折旧。对农业新业态实行税收优惠政策。

3. 建立市场化资金投入机制

要创新和完善金融政策，建立多层次、多渠道、多形式的资金筹集机制。比如，通过积极探索扩大农村抵押物范围，试行农村土地经营权、林权、农村集体建设用地使用权、农房抵押等贷款办法。鼓励民间资本、工商资本等社会力量通过直接投资、参股经营、签订长期合同、PPP 等多种方式参与农村产业融合发展。设立农村产业融合发展投资基金，带动社会资本投向产业融合领域。鼓励地方政府建立区域性农村产业融合发展基金，重点围绕农村产业融合发展中的新技术、新产品、新业态，以股权投资的形式支持新型农业经营主体、示范基地和重大项目建设，为复合型人才培养、农村物流和电子商务服务体系建设等领域提供融资服务，带动和引导社会资金投向产业融合领域。还可以探索组建县级规模经营贷款担保基金、行业性贷款担保基金和村级融资担保基金。政府要在增加农业政策性贷款的基础上，对重点龙头企业提供必要的贷款担保等，促使更多的工商资本进入农业产业化领域，用大资金促进三产融合的大发展。

4. 创新适用性强的金融业务，增强农民土地融资能力

要积极探索土地承包经营权质押贷款，以缓解农业企业的融资难题。《中共中央关于全面深化改革若干重大问题的决定》明确提出："赋予农民对承包地占有、使用、收益、流转及承包经营权抵押、担保权能，允许农民以承包经营权入股发展农业产业化经营"，从国家政策层面上允许土地承包经营权抵押。要对有关土地管理法规做出适当补充和修改，使土地承包经营权抵押融资有法可依，防范相应的法律风险。要具体研究土地承包经营权价值的评估，健全评估组织，建立评估规则，逐步完善评估机制，兼顾评估市场的一般规则和农业生产的特殊因素，合理评估土地承包经营权的价值。

（三）培育推动农村一二三产业融合的各类专业人才

各类人才是推动农村一二三产业融合发展的核心。以农业企业家、技术人员、优秀家庭农场主等新型农业经营主体经营者为代表的产业融合实践者是培育的重点。他们是产业融合的发动机，没有这类人才，很难实现农村产业的融合发展。

1. 培育农业技术人员

产业发展离不开科学技术的支撑，农业技术人员是推动一二三产业融合的首要因素。比如，农产品加工业所运用的机器设备，没有专业技术人员，第二产业很难发展起来；比如，农产品电商产业，没有懂信息、互联网技术的专业人员，没法推动线上交易。在农业技术人员的培育上，国家应加大培育力度，提高人员待遇和各种补贴，让他们能留在农村。可以建立人才培育和创业支持基金。支持科技人员领办或参与产业融合项目开发。鼓励科技人员到新型经营主体任职、兼职或担任技术顾问。

落实支持高校、科研院所等专业技术人员在职和离岗创业的政策，允许其创办或以技术入股涉农企业。开展基层农技推广人员分层分类定期培训，对从事农村产业融合发展的科技人员，按承担任务量给予相应补助，并在职称评聘、科研项目申请上给予倾斜。

2. 加大新型农业经营主体管理者培训

对新型农业经营主体管理者的培训可以有以下渠道：一是政府主导，联合高校和职教机构，在农村产业融合发展示范区和重点企业建立复合型人才教学和实训基地，开设复合型人才培养专业，建立复合型人才定向培养机制；组织农业科研部门及大、中专院校的合作，将新型经营主体带头人纳入培训范围；建立政府对培育对象的帮扶机制，优先支持培育对象所在组织承担产业融合项目。二是完善新型职业农民教育培训体系。鼓励专家、学者与新型农业经营主体对接，探索建立新型农业经营主体顾问团，推行农村创业导师制；农村实用人才队伍建设和"阳光工程培训"重点向复合型人才倾斜，对新型经营主体开展的农村复合型人才培训给予财政补助。三是加大对市场化、社会化培训机构支持力度，增强培训能力。

3. 培养促进产业融合的其他人才

在广大农村，有很多管用的"土专家""田秀才"，他们都是一些农村能人，既有技术又有头脑，具有很好的榜样作用。比如，传统手工业艺人。在不少农村地区，存在着很多地方特色的手工业，这些传统工艺通过农村艺人的加工制作，形成受人欢迎的工艺品。这些工艺品的材料大部分都是就地取材，像柳编、农作物秸秆加工等产业，是传统手工艺推动农村第一产业与第二产业融合发展得很好例子。再如，党政机关下派驻村"第一书记"。在实施乡村振兴战略中，为推动农村人才振兴，政府选派了大量机关干部到村任"第一书记"，他们既是理论知识水平很高的机关干部，又是在某一行业具有一定研究的专业人才。要做好区域特色优势产业发展与"第一书记"及其所在单位特色结合的文章，充分发挥人才技术特长，推动地方产业发展。要加强农村优秀村干部教育培训。农村经济发展，村干部是"领头羊"。俗话说，"农民富不富，关键看支部"，就是说的村干部的带领作用。如果村干部都不懂什么是农村一二三产业融合，或者没有推动产业融合的思想理念，广大传统小农户更谈不上融合发展了。因此，通过加强村干部的教育培训，也可以有力促进农村产业融合的发展水平。

培育农村产业发展人才，从短期来看，应以培训农业生产技术为主，选拔优秀的农民企业家带领普通农户发展，还要吸引各种社会力量投身农村产业融合。从中期看，农村人才的培养，应以农业院校为主体，培养能带领农民干、帮助农民干的专业人才。从长期看，应加强农村基础教育，这不仅是农村产业发展的需要，也是乡村振兴、建设现代化农业强国的需要。

附　　录

1. 《农村一二三产业融合水平评价指标》调查问卷

（第一轮）

尊敬的专家：

　　您好！

　　非常感谢您能在百忙之中抽出时间来填写此表！本问卷主要研究农村一二三产业融合度指标，用以评价农村一二三产业融合水平。本项调查用途仅作为本人博士论文研究之用，恳请您根据自己的实践经验认识对这一问题据实填写。

　　以下是评价农村一二三产业融合度的指标体系，请您按照其重要程度打分。（5、4、3、2、1分别表示非常重要、较为重要、一般重要、较不重要、很不重要，请在您认为的重要程度对应的方框中打√或填上相应分值，并回答表下有关问题。）

附表 1　农村一二三产业融合度评价初始指标筛选专家调查问卷表

目标层	系统层	评价要素	指标层	重要程度				
				非常重要(5分)	较为重要(4分)	一般重要(3分)	较不重要(2分)	很不重要(1分)
农村一二三产业融合评价指标	融合的横向宽度	农业与工业融合指标	农产品加工业总产值占农业总产值比重					
			农产品加工业年营业收入					
			农业产业化经营组织带动农户程度					
			农产品加工转换率					
			农业与农产品加工业产值					
			人均主要农产品产量					
		农业与服务业融合指标	农林牧渔服务业增加值占农林牧渔增加值比重					
			农产品电商交易额					
			休闲农业接待人次					
			乡村旅游收入					
			农村网店户数					
			农业信息化					
			农村物流产业产值					
	融合的纵向深度	要素组织程度	土地流转率					
			人均农业用电量					
			农村居民宽带普及率					
			土地托管面积比重					
			农村公路里程					
		金融科技渗透度	一产增加值占 GDP 比重					
			农业保险深度					
			涉农贷款额度					
			省级农民专业合作社示范社数量					
			农业 R&D 经费投入强度					
			农民智能手机拥有量					

续表

目标层	系统层	评价要素	指标层	重要程度				
				非常重要 (5分)	较为重要 (4分)	一般重要 (3分)	较不重要 (2分)	很不重要 (1分)
农村一二三产业融合评价指标	融合的经济指标	微观经济指标	农民人均可支配收入					
			农民人均消费水平					
			农村新型经营主体数量					
			农民非农收入占比					
			农业劳动生产率					
			土地综合产出率					
			万元农业 GDP 耗水					
			农民家庭收入结构比例					
		宏观经济指标	城镇化率					
			城乡居民收入比					
			城乡人均固定资产投资比					
			农村医院数量					
			农民平均受教育年限					

您认为还需要加入的指标有：＿＿＿＿＿＿＿＿＿＿＿＿＿＿＿＿＿

＿＿＿＿＿＿＿＿＿＿＿＿＿＿＿＿＿＿＿＿＿＿。

您认为需要删除的指标有：＿＿＿＿＿＿＿＿＿＿＿＿＿＿＿＿＿＿

＿＿＿＿＿＿＿＿＿＿＿＿＿＿＿＿＿＿＿＿＿＿。

您认为需要修改的指标有：＿＿＿＿＿＿＿＿＿＿＿＿＿＿＿＿＿＿

＿＿＿＿＿＿＿＿＿＿＿＿＿＿＿＿＿＿＿＿＿＿。

再次感谢您的合作与支持，祝您生活愉快，万事顺心！

2. 《农村一二三产业融合水平评价指标》调查问卷

（第二轮）

尊敬的专家：

您好！

再次感谢您能填写此表！本次问卷是在第一轮筛选出的指标基础上进行第二轮专家调查，以建立科学合理的农村一二三产业融合度评价指标体系，用以评价农村一二三产业融合水平。本项调查用途仅作为本人博士论文研究之用，恳请您根据自己的实践经验认识对这一问题据实填写。

以下是评价农村一二三产业融合度的指标体系，请您按照其重要程度打分。（5、4、3、2、1分别表示非常重要、较为重要、一般重要、较不重要、很不重要，请在您认为的重要程度对应的方框中打√或填上相应分值，并回答表下有关问题。）

附表2　　　农村一二三产业融合度评价指标专家调查问卷表

目标层	准则层	要素层	指标层	重要程度				
				非常重要(5分)	较为重要(4分)	一般重要(3分)	较不重要(2分)	很不重要(1分)
农村一二三产业融合评价指标体系 O	融合的横向宽度 N1	农业与工业融合度 F1	农产品加工业投资额与农业投资额之比 T1					
			农产品加工业总产值占农林牧渔总产值比重 T2					
			农业产业化经营组织带动农户数占农户总数比重 T3					
			农产品加工转换率 T4					

目标层	准则层	要素层	指标层	重要程度				
				非常重要（5分）	较为重要（4分）	一般重要（3分）	较不重要（2分）	很不重要（1分）
农村一二三产业融合评价指标体系 O	融合的横向宽度 N1	农业与服务业融合度 F2	农林牧渔服务业增加值占农林牧渔业增加值比重 T5					
			农产品电商交易额与农业总产值之比 T6					
			乡村旅游接待人次与农业人口之比 T7					
			乡村旅游收入与农业总产值之比 T8					
			农村网店户数与农业人口之比 T9					
	融合的纵向深度 N2	生产要素支持度 F3	土地流转率 T10					
			农民人均用电量 T11					
			农村金融机构贷款余额增长速度 T12					
			农业保险深度 T13					
			省级农民专业合作社示范社数量与农业人口之比 T14					
		公共服务支持度 F4	农村居民宽带普及率 T15					
			每平方公里农村公路密度 T16					
			农业支出占财政支出比重 T17					

您认为还需要加入的指标有：_____

_____。

您认为需要删除的指标有：_____

_____。

您认为需要修改的指标有：_____

_____。

再次感谢您的合作与支持，祝您生活愉快，万事顺心！

3. 农村一二三产业融合评价指标标准化处理原始数据（模板）

附表 3   农村一二三产业融合评价指标标准化处理数值表

评价指标 \ 年度	2013 年	2014 年	2015 年	2016 年	2017 年	指标性质
农业人口数量（万人）						负向
农产品加工业总产值（亿元）						正向
农林牧渔业总产值（亿元）						正向
农林牧渔业私营和个体经济就业人员（人）						负向
农产品加工转换率（%）						正向
农林牧渔业增加值（亿元）						正向
农林牧渔服务业增加值（亿元）						正向
农产品电商交易额（亿元）						正向
休闲农业与乡村旅游接待人次（万人）						正向
乡村旅游收入（亿元）						正向
淘宝村数量（个）						正向
耕地面积（千公顷）						负向
土地流转率（%）						正向
农村用电量（万千瓦小时）						正向
通宽带村（个）						正向
第一产业增加值（亿元）						正向
第一产业增加值占 GDP 比重（%）						负向
农业保险保费收入（万元）						正向
农林水事务财政支出（亿元）						正向
农民合作社数量（个）						正向

续表

评价指标　＼　年度	2013 年	2014 年	2015 年	2016 年	2017 年	指标性质
农村居民年人均可支配收入（元）						正向
农村居民年人均消费支出（元）						正向
农村新型经营主体数量（个）						正向
农村居民工资性收入（元）						正向
城镇化率（％）						正向
城镇居民可支配收入（元）						正向
第一产业固定资产投资（亿元）						正向

数据来源：根据烟台等 4 市 2013—2018 年统计年鉴、统计公报、政府工作报告、农业相关各局委办；4 市统计信息网等资料整理而得。

注：农村居民年人均可支配收入为 2014 年及以前农民人均纯收入。

4. 《农村一二三产业融合发展问题》调查问卷

您好：

非常感谢您能在百忙之中完成此问卷，本问卷的用途仅仅是完成博士毕业论文的需要，请您认真阅读并如实填写，如有好的意见建议可另附纸张表述，再次感谢您支持与配合。

1. 您的身份是（职业）（可多选）

□普通农户　　　　□村干部　　　　□专业大户负责人

□农业企业家　　　□家庭农场主　　□合作社负责人

□合作社社员　　　□合作社雇工　　□农业企业工人

□农业部门工作人员　□其他

2. 您家的收入来源主要有哪些？（可多选）

□务农　　　　　　□种植　　　　　□养殖

□务工　　　　　　□自主创业　　　□其他_____

3. 影响您家庭收入的主要因素是什么？（可多选）

□缺乏资金　　　　　　□文化水平低、没有专业技术

□劳动力不足　　　　　□农产品价格低、销售难

□外出务工等增加的机会少

□其他_____

4. 您销售农产品的渠道是什么？（可多选）

□自己销售　　　　　　□合作社统一销售

□企业收购或订购　　　□商贩上门收购

□其他_____

5. 您生产资金的主要来源是什么？（可多选）

□自有资金　　　　　　□资金互助社

□民间借贷　　　　　　□金融机构

6. 您希望政府对您有哪方面的支持？（可多选）

□加大农业补贴力度　　□对农民进行技术培训

□提供多方位农产品销售渠道的信息

□兴建农产品销售平台　□兴办农产品收购公司

□其他_____

7. 您认为我国当前农村一二三产业融合发展如何？

□好　　　　　　　　　□较好

□一般　　　　　　　　□较差

8. 您所从事的产业有？（可多选）

□种植业　　　　　　　□林业

□畜牧业　　　　　　　□渔业

□农产品加工业　　　　□服务业

□其他_____

9. 您的经营主体涉及哪些农业新业态？（可多选）

□休闲农业　　　　　　□乡村旅游

□"互联网+农业"　　　　□智慧农业

□生态农业　　　　　　　□创业农业

□其他＿＿＿＿＿＿

10. 您的经营主体在农村一二三产业融合中的合作对象？（可多选）

□家庭农场　　　　　　　□农业龙头企业

□农民合作社　　　　　　□种养大户

□高校及科研院所　　　　□协会

□其他＿＿＿＿＿＿

11. 您是否获得过产业发展相关政策资助？（可多选）

□否　　　　　　　　　　□是

□资金支持　　　　　　　□财政补贴

□税收优惠　　　　　　　□农业保险

□法律保障　　　　　　　□项目扶持

□基础设施建设投入　　　□生产资料供给

□农机服务　　　　　　　□农产品绿色通道

□营销平台　　　　　　　□科技信息服务

□技术培训指导　　　　　□新型经营主体人才培训

12. 对我国农村一二三产业融合相关政策的了解程度？

□完全了解　　　　　　　□比较了解

□一知半解　　　　　　　□完全不懂

13. 您是否流转了土地？

□否　　　　　　　　　　□是，主要形式

□转包　　　　　　　　　□出租

□转让　　　　　　　　　□互换

□入股　　　　　　　　　□其他

14. 您认为当前最制约农村一二三产业融合发展的瓶颈是？请排序（在方框内填写序号 1、2、3…）。

□缺乏规划　　　　　□缺少人才

□土地制约　　　　　□资金问题

□农民合作方面欠缺　□政府扶持不够

□农村基础设施落后　□农村社会文化落后

□农村社会治理环境差　□其他

15. 您在农村一二三产业融合发展中得到的利益是?

□提高利润，增加收益　　□提高管理和技术水平

□打造知名品牌，增加品牌影响力

□拓宽销售渠道　　　　　□发展循环经济

□培养引进人才　　　　　□创新发展模式

□降低经营风险　　　　　□其他

16. 您认为不同主体对我国农村一二三产业融合应该发生的作用是什么?

政府：＿＿＿＿＿＿＿＿＿＿＿＿＿＿＿＿＿＿＿＿＿＿＿

企业：＿＿＿＿＿＿＿＿＿＿＿＿＿＿＿＿＿＿＿＿＿＿＿

农民：＿＿＿＿＿＿＿＿＿＿＿＿＿＿＿＿＿＿＿＿＿＿＿

17. 结合您的认识，对我国农村一二三产业融合发展有何意见建议?

参考文献

主要专著:

［英］阿尔弗雷德·马歇尔:《经济学原理》,朱志泰译,商务印书馆
    1993 年版。

姜国忠:《多功能农业论》,黑龙江人民出版社 2012 年版。

刘奇:《21 世纪农业的新使命多功能农业》,安徽人民出版社 2007 年版。

［美］洛克斯·康芒斯:《新制度经济学》,于树生译,商务印书馆 1962
    年版。

马健:《产业融合论》,南京大学出版社 2006 年版。

芮明杰:《产业经济学》,上海财经大学出版社 2012 年版。

［美］舒尔茨:《改造传统农业》,梁小民译,商务印书馆 1999 年版。

夏冰:《基于数学模型的评价方法研究》,北京大学出版社 2017 年版。

［日］植草益:《日本的产业组织:理论与实证的前沿》,锁箭译,经济管
    理出版社 2000 年版。

周振华:《信息化与产业融合》,上海人民出版社 2003 年版。

主要中文文献:

卞靖:《产业融合发展背景下优化农业补贴体系研究》,《价格理论与实
    践》2015 年第 6 期。

曹金臣:《荷兰现代农业产业化经营及对中国的启示》,《世界农业》2013

年第 5 期。

陈柳钦：《产业融合问题研究》，《长安大学学报（社会科学版）》2008
年第 1 期。

陈锡文：《21 世纪农业的新使命：多功能农业》，《中国发展观察》2007
年第 7 期。

陈晓华：《推进龙头企业转型升级，促进农村一二三产业融合发展》，《农
村经营管理》2015 年第 12 期。

陈艳清、魏登峰：《促进"三产融合"发展需要政府有效作为》，《农村
工作通讯》2015 年第 18 期。

［日］成田拓未：《日本农协的发展经验对中国农民专业合作社的启示》，
《青岛农业大学学报》（社会科学版）2009 年第 1 期。

程承坪、谢雪珂：《日本和韩国发展第六产业的主要做法及启示》，《经济
纵横》2016 年第 8 期。

戴蓬军：《法国农业产业化的发展及经验》，《农村经营管理》2000 年第
4 期。

单元媛、赵玉林：《国外产业融合若干理论问题研究进展》，《经济评论》
2012 年第 5 期。

党国英：《保护土地财产权需国家权力机构发挥根本性作用》，《农村工作
通讯》2014 年第 21 期。

丁焕峰：《技术扩散与产业结构优化的理论关系分析》，《工业技术经济》
2006 年第 5 期。

杜志雄、郜亮亮：《"坚持农业农村优先发展"的重要意义及实现路径》，
《中国发展观察》2019 年第 Z1 期。

杜志雄、谭洪业、郜亮亮：《新型农业经营主体与其加入合作社行为的实
证分析——基于全国 795 家种植业家庭农场面板数据》，《北京工业大
学学报》（社会科学版）2019 年第 2 期。

杜志雄、肖卫东：《中国农业发展 70 年：成就、经验、未来思路与对

策》，*China Economist* 2019 年第 14 期。

段海波：《刍议农业产业融合机制和农业产业化》，《改革与战略》2014
　年第 5 期。

冯海发：《荷兰农业产业化经营的基本模式》，《世界农业》2002 年第
　3 期。

葛新权、和龙：《促进我国农村产业融合发展的政策取向》，《经济纵横》
　2017 年第 5 期。

顾益康：《农村工业化必须与农业集约化同步发展》，《农业经济问题》
　1985 年第 8 期。

关浩杰：《农村产业融合发展综合评价指标体系如何构建》，《人民论坛》
　2016 年第 20 期。

郭军、张效榕、孔祥智：《农村一二三产业融合与农民增收——基于河南
　省农村一二三产业融合案例》，《农业经济问题》2019 年第 3 期。

韩俊：《二三产业和农民之间应建立协作式的供应链》，《农村工作通讯》
　2015 年第 11 期。

郝立丽、张滨：《新时期我国农村产业融合的发展模式与推进机制》，《学
　术交流》2016 年第 7 期。

何立胜、李世新：《产业融合与农业发展》，《晋阳学刊》2005 年第 1 期。

黄祖辉：《一二三产业融合是发展方向——在一二三产业融合发展中增加
　农民收益》，《中国合作经济》2016 年第 1 期。

江登斌：《试论农村多元经济融合》，《经济问题》1994 年第 8 期。

江小涓：《理论、实践、借鉴与中国经济学的发展——以产业结构理论研
　究为例》，《中国社会科学》1999 年第 6 期。

姜长云：《关于发展农业生产性服务业的思考》，《农业经济问题》2016
　年第 5 期。

姜长云：《培育新型农业服务主体问题研究》，《区域经济评论》2016 年
　第 5 期。

姜长云：《推进农村一二三产业融合发展新题应有新解法》，《中国发展观察》2015 年第 2 期。

蒋国俊、蒋明新：《产业链理论及其稳定机制研究》，《重庆大学学报》（社会科学版）2004 年第 1 期。

蒋辉、张康洁、张怀英：《我国三次产业融合发展的时空分异特征》，《经济地理》2017 年第 7 期。

金光春、单忠纪、翟绪军：《韩日两国农业第六产业化发展的比较研究》，《世界农业》2015 年第 4 期。

匡绪辉：《湖北省农村产业融合发展现状与建议》，《政策》2016 年第 12 期。

匡远配、杨洋：《农业产业化带动湖南一二三产业融合》，《湖南社会科学》2017 年第 5 期。

李爱军、王成文：《安徽省农村一二三产业融合度测算及影响因素分析》，《宿州学院学报》2018 年第 7 期。

李国祥：《农业产业化与农村产业融合发展关系探析》，《中国国情国力》2017 年第 2 期。

李俊岭：《我国多功能农业发展研究——基于产业融合的研究》，《农业经济问题》2009 年第 3 期。

李明贤、唐文婷：《地域特点、资源整合与农村一二三产业深度融合——来自湖南省涟源市的经验》，《农业现代化研究》2017 年第 6 期。

李铜山：《论农业多功能性及我国的发展方略》，《重庆社会科学》2007 年第 5 期。

李玉磊、李华、肖红波：《国外农村一二三产业融合发展研究》，《世界农业》2016 年第 6 期。

李云新、戴紫芸、丁士军：《农村一二三产业融合的农户增收效应研究——基于对 345 个农户调查的 PSM 分析》，《华中农业大学学报》（社会科学版）2017 年第 4 期。

李芸、陈俊红、陈慈：《北京市农业产业融合评价指数研究》，《农业现代化研究》2017 年第 2 期。

厉无畏：《产业融合与产业创新》，《上海管理科学》2002 年第 4 期。

梁树广、马中东：《农业产业融合的关联度、路径与效应分析》，《经济体制改革》2017 年第 6 期。

梁伟军：《产业融合视角下的中国农业与相关产业融合发展研究》，《科学·经济·社会》2011 年第 4 期。

梁伟军：《农业与相关产业融合发展研究》，博士学位论文，华中农业大学，2010 年。

梁伟军：《我国现代农业发展的路径分析：一个产业融合理论解释框架》，《求实》2010 年第 3 期。

刘明国：《务实求解农村一二三产业融合发展》，《农村工作通讯》2015 年第 18 期。

刘楠：《我国农业生产性服务业发展模式研究》，博士学位论文，北京科技大学，2017 年。

鲁声、安洁、张杰：《关于发展农业"新六产"的思考》，《农业部管理干部学院学报》2018 年第 1 期。

路征：《第六产业：日本实践及其借鉴意义》，《现代日本经济》2016 年第 4 期。

罗晓：《中部区域农村金融创新与农业产业融合发展路径实证研究》，《湖北农业科学》2014 年第 24 期。

吕涛、聂锐：《产业联动的内涵理论依据及表现形式》，《工业技术经济》2007 年第 5 期。

倪斋晖：《论农业产业化的理论基础》，《中国农村经济》1999 年第 6 期。

欧继中、张晓红：《荷兰和日本农业合作组织模式比较与启示》，《中州学刊》2009 年第 5 期。

彭宜钟：《产业结构理论综述》，《北方经济》2010 年第 24 期。

阮荣平、曹冰雪、周佩：《新型农业经营主体辐射带动能力及影响因素分析——基于全国 2615 家新型农业经营主体的调查数据》，《中国农村经济》2017 年第 11 期。

宋婕：《产业融合对产业结构升级的影响研究》，博士学位论文，西南政法大学，2011 年。

宋涛：《调整产业结构的理论研究》，《当代经济研究》2002 年第 11 期。

孙中叶：《农业产业化的路径转换：产业融合与产业集聚》，《经济经纬》2005 年第 4 期。

谭明交：《农村一二三产业融合发展：理论与实证研究》，博士学位论文，华中农业大学，2016 年。

谭明交、向从武：《日韩农业"六次产业化"对我国实施乡村振兴之镜鉴》，《新疆农垦经济》2018 年第 4 期。

王德波：《产业融合的经济绩效》，博士学位论文，暨南大学，2011 年。

王东京、孙浩：《法国的农业现代化之路》，《书摘》2002 年第 6 期。

王娟娟：《日本农业"六次产业化"分析》，博士学位论文，吉林大学，2014 年。

王乐君、寇广增：《促进农村一二三产业融合发展的若干思考》，《农业经济问题》2017 年第 6 期。

王昕坤：《产业融合——农业产业化的新内涵》，《农业现代化研究》2007 年第 3 期。

王兴国：《推进农村一二三产业融合发展的思路与政策研究》，《东岳论丛》2016 年第 2 期。

魏后凯、刘长全：《中国农村改革的基本脉络、经验与展望》，《中国农村经济》2019 年第 2 期。

魏后凯：《实施乡村振兴战略的关键与难题》，《山东经济战略研究》2018 年第 11 期。

乌东峰、张世兵、滕湘君：《基于灰色理论的现代多功能农业评价研究——以湖南省湘潭市为例》，《农业技术经济》2009 年第 6 期。

吴颖、刘志迎、丰志培：《产业融合问题的理论研究动态》，《产业经济研究》2004 年第 4 期。

肖建中：《现代农业与服务业融合发展研究》，博士学位论文，华中农业大学，2012 年。

徐哲根：《日本农户增收的产业路径及其启示》，《现代日本经济》2011 年第 3 期。

严伟：《基于 AHP 模糊综合评价法的旅游产业融合度实证研究》，《生态经济》2014 年第 11 期。

易军、张春花：《北方沿海地区农业现代化进程的定量评价》，《中国软科学》2005 年第 1 期。

尹成杰：《农业多功能性与推进现代农业建设》，《中国农村经济》2007 年第 7 期。

于刃刚、李玉红：《产业融合对产业组织政策的影响》，《财贸经济》2004 年第 10 期。

于刃刚：《三次产业分类与产业融合趋势》，《经济研究参考》1997 年第 1 期。

余文权、孙威江、吴国章、赵丽红：《农业产业链理论与实践研究进展》，《亚热带农业研究》2011 年第 4 期。

余娴：《上海都市农业产业融合研究》，博士学位论文，上海社会科学院，2016 年。

苑鹏：《改革开放 40 年农民专业合作社的发展与展望》，《中国农民合作社》2018 年第 10 期。

苑鹏：《农民专业合作社发展的困境与思考——来自 8 省 12 县 614 家合作社问卷调研》，《中国合作经济》2018 年第 8 期。

苑鹏：《小农户如何实现与现代农业的有机衔接?》，《农村工作通讯》2018 年第 16 期。

苑鹏、张瑞娟:《新型农业经营体系建设的进展、模式及建议》,《江西社会科学》2016年第10期。

张戈、王洪海、朱婧:《企业信息化与工业化融合影响因素实证研究——基于山东省调查数据的结构方程模型分析》,《工业技术经济》2011年第9期。

张功让、陈敏姝:《产业融合理论研究综述》,《经济研究》2011年第1期。

张建刚、王新华、段治平:《产业融合理论研究述评》,《山东科技大学学报》(社会科学版)2010年第12期。

张建:《日本农业结构改革中的农协问题分析》,《华东师范大学学报》(哲学社会科学版)2015年第2期。

张敬滋:《中国小苹果做出世界大文章——我国浓缩苹果汁行业发展概况综述》,《农业工程技术》2004年第2期。

张晓山、韩俊、魏后凯、何秀荣、朱玲:《改革开放40年与农业农村经济发展》,《经济学动态》2018年第12期。

张晓山:《推动乡村产业振兴的供给侧结构性改革研究》,《财经问题研究》2019年第1期。

张亚斌、金培振等:《中国工业化与信息化融合环境的综合评价及分析——基于东中西部三大区域的测度与比较》,《财经研究》2012年第8期。

张义博:《农业现代化视野的产业融合互动及其路径找寻》,《改革》2015年第2期。

张玉柯、张春玲:《信息化与工业化融合的综合评价研究》,《河北大学学报》(哲学社会科学版)2013年第4期。

赵航:《休闲农业发展的理论与实践》,博士学位论文,福建师范大学,2012年。

赵洪生:《农村一二三产业融合发展的土地问题研究——以常熟市为例》,

《江苏政协》2016 年第 5 期。

赵慧峰、李彤、赵邦宏：《农业产业化经营评价指标体系及其实例分析》，
　　《农业技术经济》2000 年第 1 期。

赵霞、韩一军、姜楠：《农村三产融合：内涵界定、现实意义及驱动因素
　　分析》，《农业经济问题》2017 年第 4 期。

郑大庆、张赞、于俊府：《产业链整合理论探讨》，《科技进步与对策》
　　2011 年第 28 期。

郑家琪、杨同毅：《"新六产"的发展脉络梳理——一个文献综述》，《农
　　村经济与科技》2018 年第 9 期。

郑明高：《产业融合发展研究》，博士学位论文，北京交通大学，2010 年。

植草益：《信息通讯业的产业融合》，《中国工业经济》2001 年第 2 期。

钟俊娟、王健：《我国物流业与三次产业的关联度——基于产业融合视
　　角》，《技术经济》2013 年第 2 期。

周巍、李妍：《产业融合理论综述》，《经营管理者》2011 年第 14 期。

周振华：《信息化进程中的产业融合研究》，《经济学动态》2002 年第
　　6 期。

周震虹、王晓国、谌立平：《西方产业结构理论及其在我国的发展》，《湖
　　南师范大学社会科学学报》2004 年第 4 期。

朱文博、陈永福、司伟：《基于农业及其关联产业演变规律的乡村振兴与
　　农村一二三产业融合发展路径探讨》，《经济问题探索》2018 年第
　　8 期。

祝金水：《农业"六次产业化"模式探索，《农村工作通讯》2010 年第
　　23 期。

宗锦耀：《推进农村一二三产业融合发展，着力打造农业农村经济发展升
　　级版》，《农村工作通讯》2017 年第 5 期。

主要英文文献：

Alfonso Gambardella, Salvatore Torrisi, Does Technological Convergence Imply Convergence in Markets? Evidence from the electronics industry, *Research Policy*, 1998.

Bernd W. , Wirtz, Reconfiguration of Value Chains in Converging Media and Communications Markets, *Long Range Planning*, No. 34, 2001.

Chaniotakis I. E. , Innovative Agri – Food Value Chain Financing in Greece, *Food Security and Sustainability*, Springer International Publishing, 2017.

Charnes, A. , Cooper W. W. And E. Rhodes, Measuring the Efficiency of Decision Making Units, *European Journal of Operational Research*, No. 6, 1996.

Colin R Blackman, Convergence Between Telecommunications and other Media, *Telecommunication Policy*, Vol. 22, No. 3, 1998.

Davies E. T. , Gilbert D. C. , A Case Study of the Development of Farm Tourism in Wales, *Tourism Management*, No. 13, 1992.

Dosi, Giovani. , *Technical Change and Economic Theory*, Pinter Publishers, 1988.

Duysters, G. & J. Hagedoom, Technological Convergence in the IT industry: the Role of Strategic Technology Alliances and Technological Competencies, *International Journal of the Economics of Business*. Vol. 5, No. 3, 1998.

European Commission, Green Paper on the Convergence of the Telecommunications, Media and Information Technology Sectors, and the Implications for Regulation, *Information Society Project Office Eu*, No. 23, 1997.

Feagan R. , Henderson A. , Devon Acres CSA: local struggles in a global food system, *Agriculture & Human Values*, Vol. 26, No. 3, 2009.

Françoise L, Sandra P. , Spatial Rebalancing and Industrial Convergence in China, *China Economic Review*, No. 34, 2015.

Gambardella A. , Torrisi S. , Does Technological Convergence Imply Convergence in Markets? Evidence from the electronics industry, *Research Policy*, Vol. 27, No. 5, 1998.

Greenstein S. , Khanna T. , What Does Industry Mean? Competing in the Age of Digital Convergence, *President and Fellows of Harvard Press*, No. 12, 1997.

Hacklin, F. , Battistini, B. , Von Krogh, G. , Strategic choices in converging industries, *MIT Sloan Manage*, Vol. 55, No. 12, 2013.

Halager A. M. , Agricultural Diversification into Tourism: Evidence of a European Community development programme, *Tourism Management*, Vol. 17, No. 2, 1996.

Hegarty C. , Przezborska L. , Rural and Agri-tourism as a Tool for Reorganising Rural Areas in Old and New Member States-a Comparison Study of Ireland and Poland, *International Journal of Tourism Research*, No. 7, 2005.

Huibing Ke. , China's Spending on Agricultural Development Analysis of The Regional Differences, *Journal of public management*. No. 1, 2009.

Jang W. , Klein C. M. , Supply Chain Models for Small Agricultural Enterprises, *Annals of Operations Research*, Vol. 190, No. 1, 2011.

Jeffries D. , The European Union and European tourism: in search of a policy, *Travel & Tourism Analyst*, No. 15, 2002.

Lei DT. , Industry Evolution and Competence Development: the Imperatives of Technological Convergence, *International Journal of Technology Management*, No. 19, 2000.

Long P. T, Perdue R. R, Allen L. , Rural Resident Tourism Perceptions and Attitudes by Community Level of Tourism, *Journal of Travel Research*, Vol. 28, No. 3, 1990.

Mcgehee N. G. , Kim K. M. , Motivation for Agri-tourism Entrepreneurship,

Journal of Travel Research, Vol. 43, No. 2, 2004.

Namil K, Hyeokseong L. , Dynamic Patterns of Industry Convergence: Evidence from a Large Amount of Unstructured Data, *Research Policy*, No. 1, 2015.

Nicholas N. P. , Industry Evolution and Competence Development: the Imperatives of Technological Convergences, *International Journal of Technology Management*, No. 19, 1975.

Nicholas Apergis, Christina Christou, Stephen M. Miller. , Country and Industry Convergence of Equity Markets: International evidence from club convergence and clustering, *North American Journal of Economics and Finance*, Vol. 6, No. 29, 2014.

Ping Zhang. , To Build Our Country Agricultural Development Expenditure Performance Evaluation Index System, *Chinese Journal of Agricultural Development*, No. 7, 2010.

Rhodes V. J. , Industrialization of Agriculture: Discussion, *American Journal of Agricultural Economics*, Vol. 75, No. 5, 1993.

Rosenberg N. , Technological Change in the Machine Tool Industry: 1840 – 1910, *Journal of Economic History*, No. 23, 1963.

Sahal D. , Technological guideposts and innovation avenues, *Research Policy*, Vol. 14, No. 2, 1985.

Tan mingjiao, Qi chunjie, Research and Development of Modern Agriculture Based on Industrial Convergence Perspective, *Innovative Food Science and Emerging Technologies*, No. 6, 2016.

Tan mingjiao, Qi chunjie, Computer-aided Data Mining and Impact of Technological Innovation on Regional Agricultural Economy: An Industry Convergence Perspective, *Revista Iberica de Sistemase Tecnologias de Informacao*, No. 9, 2016.

Tchetchik A. , Fleischer A. , Finkelshtain I. , Differentiation and Synergies in Rural Tourism: Estimation and Simulation of the Israeli Market, *American Journal of Agricultural Economics*, Vol. 90, No. 2, 2008.

Thompson C. S. , Host Produced Rural Tourism: Towa's Tokyo Antenna Shop, *Annals of Tourism Research*, No. 31, 2004.

WTO World Tourism Organization, Rural Tourism in Europe: Experiences, *Development and Perspectives*, 2004.

Xin Jiang, The Optimal Level of Agricultural Development Research in China, *Soft Science*. No. 5, 2012.

Yoffie D. B. , Competing in the Age of Digital Convergence, *California Management Review*, Vol. 38, No. 7, 1996.

后　　记

　　人生总有很多的第一次，出版这本著作是自己学术半生的一个夙愿。转眼间，博士毕业已三年多了。毕业后，虽然一直想把毕业论文出版成书，但就在这短短三年多的时间里，我却经历了一生中的巨大痛苦和转折。现在，终于能静下心来，着手处理这件事情。此时此刻，脑海中不禁浮现出刚到北京入学时的场景，在接近人生不惑的年龄千里迢迢从山东来到北京房山良乡，开始了"三城三地"的工作、学习和生活。记得经常坐在良乡小院的图书馆，看着窗外四季变换的景致，问自己还要不要坚持下来。虽然在三个城市间日夜紧张的奔波常常使自己疲惫不堪，但最终肩负的责任和期待还是一次次把我拉回来，让我把那段时光过得累并充实着。

　　四年的"狡兔三窟"，最大的收获是导师潘晨光先生不弃草昧地带我走进哲学社会科学最高殿堂，令才疏学浅的我有幸进一步提升深造。潘老师德高望重、待人宽厚、为人师表，无论在工作还是学习上都给我树立了榜样。从进入研究生院学习的第一天起，潘老师就叮嘱我要倍加珍惜学习机会，严格要求自己，努力在学术水平和研究能力上下功夫。在毕业论文的选题和撰写过程中，潘老师都给予了悉心的指导和帮助。读书期间，我参加了清华大学、北京大学等高校学术会议，跟着国内农业经济学术领域的顶尖专家大咖学习研讨，聆听了无数次著名经济学大家学术讲座，让自己开阔眼界、增长见识。尤其感谢中国社科院农发所的各位老师，他们渊博的知识、严谨的治学精神，让我深受启发。他们所教授的每一次课，都体现了大家风范，可谓思想的盛宴，给人以启迪和思考。在读书期间，同窗博士同学给予了我很多的关心照顾，彼此的欢声笑语和同桌情谊让那段求学岁月变得缤纷多彩。本书内容的修改得到了农发所于法稳、郜亮亮、孙若梅研究员及国务院发展研究中心郑醒尘研究员的指导点拨，问卷调查和数据的获取得到山东省统计局和部分农业企业、家庭农场的无私帮助，在此一并表示诚挚的谢意。

　　本书的出版还要感谢中国社会科学出版社黄山老师的认真编辑校对，感谢本人所在单位中共山东省委党校（山东行政学院）的经费资助。

孙学立

于济南·燕子山

2022 年 9 月